北京市智能物流系统协同创新中心项目（PXM2018_014214_000009）资助

智能仓储环境监控

刘　军　申　悦　王程安　著

机械工业出版社

本书主要介绍智能仓储环境监控的技术与方法，是作者研究团队十多年研究成果的总结。书中分析了仓储系统的特性和仓储环境监控的个性化需求，重点介绍了基于核心模块构建智能监控装置的设计思路和实现技术；简要介绍了对大型复杂仓储系统实施分布式环境监控和环境健康评估。

本书适合作为相关领域科研工作者或工程实践者的参考书，也可作为在校研究生和高年级本科生的教学参考书。

图书在版编目（CIP）数据

智能仓储环境监控/刘军，申悦，王程安著．—北京：机械工业出版社，2021.1
ISBN 978-7-111-67320-0

Ⅰ.①智… Ⅱ.①刘… ②申… ③王… Ⅲ.①仓库管理-智能控制 Ⅳ.①F253

中国版本图书馆 CIP 数据核字（2021）第 015472 号

机械工业出版社（北京市百万庄大街 22 号　邮政编码 100037）
策划编辑：汤　枫　　责任编辑：汤　枫
责任校对：张艳霞　　责任印制：张　博
三河市骏杰印刷有限公司印刷

2021 年 2 月第 1 版·第 1 次印刷
169mm×239mm·11.25 印张·271 千字
0001—1500 册
标准书号：ISBN 978-7-111-67320-0
定价：79.00 元

电话服务　　　　　　　　　　网络服务

客服电话：010-88361066　　　机　工　官　网：www.cmpbook.com
　　　　　010-88379833　　　机　工　官　博：weibo.com/cmp1952
　　　　　010-68326294　　　金　书　网：www.golden-book.com
封底无防伪标均为盗版　　　　机工教育服务网：www.cmpedu.com

前　　言

　　仓储环境监控管理是仓储作业管理的重要组成部分，是实现仓储管控一体化的基础。仓储系统是复杂的人造系统，构成仓储系统的要素复杂多变，要素之间关系错综复杂，并且存在大量的信息交换。要想使仓储系统获得最大的经济效益，同时避免产生风险，必须从整体上考虑系统的管理和运作，实现仓储管控一体化。

　　仓储环境的变化对仓库中存储货物的品质和寿命有很大的影响，同时也影响到仓库中作业设备和作业人员的安全。仓储系统具有明显的个性化特征。仓库的大小、封闭程度、存放货物的种类以及货物的物理、化学特性都会影响仓储环境监控的方式、方法和使用的技术与手段。为了适应种类繁多的仓储系统的个性化需求，智能监控装置应该是硬件和软件都能够快速灵活配置的系统。硬件的模块化设计，有利于快速搭建特殊要求的硬件系统，同时最大限度地实现软件复用。

　　在复杂的仓储环境监控应用中，单纯的数据采集与报警功能已经不能满足实际需求，监控装置要进行一些必要的计算或基于模型的判断，例如传感器信息融合、基于采集数据的边缘计算等，这就要求监控装置具有计算功能；单个监控装置的监控能力和监控物理范围有限，不能满足大型仓储系统环境监控的要求，必须由多个监控装置组成分布式网络监控系统，这就要求监控装置具有联网功能。

　　基于网络通信技术和无线传感器网络技术等各种先进技术实现的智能仓储监控系统，是未来仓储环境监控应用的重点。智能传感器技术、计算机网络系统、数据分析技术将在仓储环境监控系统中发挥重要作用。大量使用集成一体化传感器和电化学传感器，基于硬件复用的设计思想开发核心模块，使用技术成熟的联网和通信技术，构建灵活配置的仓储环境监控装置和系统，是解决仓储环境监控个性化需求的一种优化方案。

本书共 7 章，各章主要内容如下：

第 1 章主要讲述仓储环境监控管理的重要作用、仓储管控一体化的思想以及实现的思路。针对仓储系统管理与作业个性化需求的特点，给出了一种仓储环境监控系统架构，设计了一种能够满足大多数仓储系统环境监控需求的智能监控装置组合模型。

第 2 章主要总结了仓储环境监控研究与应用进展，分析了仓储环境监控的目的和意义，总结了仓储环境特性与表征参数以及仓储环境监控方法与手段的发展历程，展望了基于网络通信技术和无线传感器网络技术构建仓储监控系统的发展趋势。

第 3 章介绍了几种用于仓储环境参数检测的集成一体化传感器和电化学传感器，阐述了智能传感器的构成、特点以及环境信息融合技术，为后续章节的介绍打下基础。

第 4 章给出了一种多参数多用途智能监控装置的设计思想和方法。为了满足仓储环境监控个性化需求，基于硬件复用的设计思想开发核心模块，使用技术成熟的联网和通信技术，构建灵活配置的硬件系统。并列举了几种基于核心模块的智能监控装置。

第 5 章介绍了分布式仓储环境监控系统的架构与功能，重点介绍了监控前端和网络通信系统的设计。

第 6 章介绍了基于环境监控和数据分析的仓储系统安全预警与健康评估。

第 7 章给出了三个仓储环境监控装置的设计与开发案例。这三种装置是拥有自主知识产权的产品，对仓储环境监控具有普遍的适用性，可以满足大部分仓储环境与设备监控的需求。

在本书的撰写过程中，将系统架构设计与功能实现作为重点，为仓储环境监控的个性化需求提供了解决方案。全书重点突出、层次分明，对相关领域的工程实践具有一定参考价值。

本书由刘军、申悦、王程安共同撰写，刘军教授负责全书的统稿与审定，参加相关研究和资料整理的人员还有杨化云、宋国平、刘欢、范红岩、张帅、张可薇、丁庆行、孟龙、张宸等。

  本书在写作过程中，参阅了大量文献，一并列在书末，在此对这些文献的作者表示衷心感谢。

  由于相关技术仍在不断更新发展，限于水平，书中肯定有不妥之处，敬请读者批评指正。

作 者

目 录

前言

第1章 概论 ··· 1
  1.1 仓储系统的特性 ·· 1
    1.1.1 空间的封闭性 ··· 1
    1.1.2 要素的复杂性 ··· 2
    1.1.3 结构的多样性 ··· 2
    1.1.4 交换的非连续性 ·· 3
    1.1.5 环境的时变性 ··· 3
  1.2 仓储管控一体化 ·· 4
    1.2.1 仓储管控一体化的核心思想 ·· 5
    1.2.2 实现仓储管控一体化的技术要求 ·· 5
    1.2.3 仓储管控一体化的应用现状 ·· 6
    1.2.4 仓储管控一体化系统的体系架构 ·· 7
    1.2.5 实施多条件约束的作业调度策略 ·· 7
  1.3 仓储环境监控的体系架构 ·· 10
    1.3.1 分层体系架构 ·· 10
    1.3.2 采集层与监控层 ··· 11
    1.3.3 管理层 ·· 11
  1.4 智能监控装置的组合模型 ·· 12
    1.4.1 智能监控装置的需求分析 ··· 12
    1.4.2 组合模型 ·· 12
  1.5 总结 ··· 13

第2章 仓储环境监控研究与应用进展 ··· 14
  2.1 仓储监控的目的与意义 ··· 14
    2.1.1 仓储监控的意义 ··· 14

  2.1.2　仓储监控的作用 ·· 15
 2.2　仓储环境特性与表征参数 ·· 16
  2.2.1　温度与湿度 ·· 16
  2.2.2　空气流速 ·· 18
  2.2.3　气体浓度 ·· 18
  2.2.4　光照度 ··· 19
  2.2.5　粉尘与烟尘 ·· 19
  2.2.6　风压 ·· 20
  2.2.7　空气 pH 值 ··· 21
 2.3　仓储环境监控的方法与手段 ·· 21
  2.3.1　目前的技术与方法 ·· 21
  2.3.2　智能化仪表与装置 ·· 23
  2.3.3　无线传感器网络 ·· 24
  2.3.4　无线传输技术 ··· 25
 2.4　环境监控的发展与展望 ·· 28
  2.4.1　环境监控的发展 ·· 28
  2.4.2　环境监控的展望 ·· 29
 2.5　总结 ··· 30

第 3 章　传感器与信息融合 ·· 32
 3.1　集成一体化传感器 ··· 32
  3.1.1　集成一体化传感器概述 ·· 32
  3.1.2　常用集成一体化传感器 ·· 33
 3.2　电化学传感器 ·· 33
  3.2.1　电化学传感器概述 ·· 33
  3.2.2　英国 CITY 电化学传感器 ··· 34
 3.3　智能传感器 ··· 35
  3.3.1　智能传感器概述 ·· 35
  3.3.2　智能传感器的结构 ·· 36
  3.3.3　智能传感器的主要功能 ·· 37

Ⅶ

  3.3.4 智能传感器的特点 ·· 37
  3.3.5 智能传感器的应用 ·· 38
  3.3.6 智能传感器的技术发展趋势 ······································ 39
 3.4 传感器的信息融合 ·· 42
  3.4.1 信息融合技术的概念及原理 ······································ 42
  3.4.2 信息融合分类 ·· 43
  3.4.3 信息融合方法 ·· 45
  3.4.4 多传感器的信息融合方式 ··· 47
  3.4.5 信息融合的应用 ··· 49
  3.4.6 传感器信息融合的优势 ·· 50
 3.5 总结 ·· 51

第4章 智能监控装置设计 ·· 52
 4.1 需求分析与设计思路 ·· 52
  4.1.1 仓储环境特性 ·· 52
  4.1.2 环境监控装置功能需求 ·· 53
  4.1.3 设计总体思路 ·· 54
 4.2 微环境数据采集记录装置 ··· 55
  4.2.1 硬件组成架构 ·· 55
  4.2.2 设备功能 ·· 56
  4.2.3 板载传感器 ··· 57
  4.2.4 设备 PCB 布局 ··· 58
 4.3 智能电化学传感器 ·· 59
  4.3.1 硬件组成架构 ·· 59
  4.3.2 设备功能 ·· 60
  4.3.3 板载传感器 ··· 61
  4.3.4 设备 PCB 布局 ··· 61
  4.3.5 工作模式 ·· 62
 4.4 微功耗核心模块设计 ·· 63
  4.4.1 硬件组成架构 ·· 64

  4.4.2 设备功能 ·············· 65
  4.4.3 板载传感器 ············ 65
  4.4.4 设备 PCB 布局 ·········· 66
  4.4.5 扩展插针 ·············· 66
 4.5 增强型核心模块设计 ············ 67
  4.5.1 硬件组成架构 ············ 68
  4.5.2 设备功能 ·············· 69
  4.5.3 板载传感器 ············ 69
  4.5.4 设备 PCB 布局 ·········· 69
  4.5.5 扩展插针 ·············· 70
  4.5.6 软件架构 ·············· 70
 4.6 基于核心模块的仓储环境监控装置 ······ 76
  4.6.1 基于 IoT-MLE 的便携式仓储环境监测装置 ······ 77
  4.6.2 基于 IoT-MLE 的仓储环境监控装置 ······ 79
  4.6.3 基于 IoT-M4E 的无线仓储环境监控装置 ······ 80
 4.7 总结 ·············· 82

第 5 章 分布式仓储环境 CPS 系统 ··············· 83

 5.1 WE-CPS 架构与功能 ············ 83
  5.1.1 综合监控中心 ············ 84
  5.1.2 网络层 ·············· 85
  5.1.3 设备/边缘层 ············ 86
  5.1.4 WE-CPS 的功能与性能 ······ 86
 5.2 子系统功能及互联 ············ 87
  5.2.1 集成系统 ·············· 87
  5.2.2 互联系统 ·············· 89
  5.2.3 子系统互联 ············ 89
 5.3 CPS 边缘节点结构 ············ 91
  5.3.1 边缘计算与 CPS 边缘节点 ······ 91
  5.3.2 CPS 边缘节点的结构 ······ 93

- 5.3.3 CPS 边缘节点主控制器 · 94
- 5.3.4 CPS 边缘节点传感器的选择 · 95
- 5.3.5 传感器接口 · 97
- 5.3.6 通信接口 · 99
- 5.3.7 扩展接口 · 100

5.4 CPS 边缘节点信息融合 · 101
- 5.4.1 实时信息的采集和存储 · 101
- 5.4.2 CPS 边缘节点实时信息处理方法 · 105
- 5.4.3 CPS 边缘节点多传感器信息融合 · 107

5.5 上位数据可视化 · 114
- 5.5.1 上位机软件的设计 · 114
- 5.5.2 上位机软件的测试 · 115

5.6 总结 · 118

第6章 安全预警与健康评估 · 120

6.1 仓储安全的含义 · 120
- 6.1.1 仓储安全的基本概念 · 120
- 6.1.2 仓储安全管理 · 121

6.2 健康评估与预警、报警 · 123
- 6.2.1 健康评估基本概念 · 123
- 6.2.2 预警 · 124
- 6.2.3 报警 · 124

6.3 健康评估方法 · 125
- 6.3.1 仓储健康评估的含义 · 125
- 6.3.2 仓储健康评估的方法 · 126

6.4 实时在线评估 · 127
- 6.4.1 仓储环境监控系统层次结构 · 128
- 6.4.2 仓储环境实时在线评估模型 · 129

6.5 离线综合评估 · 131
- 6.5.1 Hadoop 安装部署 · 132

  6.5.2 离线综合评估架构 ··· 137
 6.6 健康评估模型 ··· 139
  6.6.1 模糊理论 ··· 139
  6.6.2 仓储环境健康评估模型 ··· 139
 6.7 总结 ··· 145

第7章 仓储环境监控装置开发 ··· 146
 7.1 仓储环境多参数监控装置 ··· 146
  7.1.1 装置概述 ··· 146
  7.1.2 硬件组成 ··· 147
  7.1.3 电路板的功能与布局 ··· 150
 7.2 设备健康状况显示贴片 ·· 152
  7.2.1 装置概述 ··· 152
  7.2.2 硬件组成 ··· 152
  7.2.3 电路板的功能与布局 ··· 156
 7.3 智能环境监控装置 ·· 157
  7.3.1 装置概述 ··· 157
  7.3.2 硬件组成 ··· 157
  7.3.3 电路板的功能与布局 ··· 159
 7.4 总结 ··· 160

参考文献 ··· 161

第1章 概 论

仓储环境监控管理是仓储作业管理的重要组成部分，是实现仓储管控一体化的基础。针对仓储系统管理与作业个性化需求的特点，本章给出一种仓储环境监控系统架构，设计一种能够满足大多数仓储系统环境监控需求的智能监控装置组合模型。使用该组合模型，能够快速搭建特殊要求的硬件系统，同时最大化地实现硬件与软件复用。

1.1 仓储系统的特性

仓储系统是复杂的人造系统，构成系统的要素包括基础设施、设备、人、货物和信息等，其中有些要素是静止的，有些要素是移动的，而要素之间关系错综复杂，并且存在大量的信息交换。仓储系统作为既有货物储存功能又有货物周转功能的一个相对独立系统，自身有许多特性。对于仓储作业运行和管理，如下五个特性最为关键。

1.1.1 空间的封闭性

为了给货物提供安全的储存环境，便于货物管理，减少自然和人为对货物的损害，仓储系统一般建设成为一个有明确边界的封闭或半封闭性的物理空间，将货物存放在其中。为了移动和监控货物，在这个物理空间还安装有许多设施设备，例如空调系统、搬运设备、储存设备及控制设备等。

仓储系统内部物理空间与外部大气物理环境有明显的分隔界面，因此，仓储系统是一个相对独立，与外部环境有物质、能量和信息交换，有明确边界的封闭或半封闭的系统，其功能主要是用于货物的储存和周转。仓储系统的封闭特性隐含着重要的意义，即只需要通过合理安排货物的输入和输出数量，优化输入/输出间隔，合理协调内部要素及其作用关系，就可以优化内部的作业。

1.1.2 要素的复杂性

构成仓储系统的要素有些是静止的，如仓储系统的基础建筑、内部水电暖系统、空调系统及固定货架等；有些是移动的，如仓储作业配备的叉车、人工运送车、托盘、自动导引运输车等；有些要素相对固定，如自动仓储作业系统配备的输送带、堆垛机和移动货架等。这些要素之间相互配合，共同协作完成仓储作业任务。在作业过程中，不同的作业流程决定了它们之间不同的关联方式。显然，要素之间的信息交换是要素间关联的主要方式。为了实现仓储信息化和自动化，计算机设备、网络设备、传感器、可视化设备、自动化系统及其附属设备成为仓储系统的核心构成要素，传统意义上的运输设备、货架、托盘等不断升级为信息化、智能化设备，使仓储系统构成要素种类增多，关联方式和相互作用方式灵活多变。

1.1.3 结构的多样性

仓储系统为了实现安全存储和高效周转货物的功能，其结构往往根据个性化需求进行设计。传统意义上的小型仓储系统一般设计成结构简单、功能单一的系统，中大型仓储系统通常有复杂的结构。随着信息化、自动化仓储系统的兴起和发展，信息化设备和自动化设备逐步取代人工进行自动作业，与之配套的作业管理软件、设备控制软件等物理不可见的组成要素不断增加，可移动、网络驱动的要素也越来越多。仓储系统作业流程不再是固定不变的，而是向着柔性化和动态化方向发展，要素间关系动态关联和隐形关联特征日益明显。单纯从可见的物理要素很难分析出仓储系统的运行结构。因为在运行结构中，存在大量软性不可见要素和隐形的关联关系，软性要素和隐形连接容易修改，使得仓储系统的结构呈现出多样性，而且容易实现动态柔性变化。

1.1.4 交换的非连续性

仓储系统要实现货物的储存和周转功能，就必须与外部世界进行货物和信息的交换。仓储系统对于货物具有暂存作用，货物在输入、暂存和输出整个过程中，在时间上是断开的，仓储系统输入与输出货物的过程是非连续进行的。再者，由于货物输入或输出的单位时间流量不均等，以及多种货物输入或输出时混杂在一起同时进行，所以用结构化的数学模型来描述仓储系统的输入/输出关系是不可能的。依此推理，可以清楚地认识到，与货物和作业过程相关的信息也具有非连续性特征。

对于这类非连续过程的描述，建立一段时间内的非结构化统计模型是可行的。将建立的模型用于分析仓储系统作业历史规律是有价值的；但是，用这一模型来表征仓储系统的输入/输出规律，从而预测仓储系统未来作业的动态变化规律仍然是不正确的。这是因为大部分仓储系统在一年时间里，不同月份输入与输出的货物种类和数量不均等，并且仓储系统货物入库、储存和出库受市场因素、人为因素等随机因素影响很大。

1.1.5 环境的时变性

仓储系统内部环境不仅会受到外部自然环境变化的影响，也会受到内部储存货物发生化学变化从而产生各种气体或液体的影响，还会受到内部作业的影响。仓储系统的内部环境是随时变化的，表征内部环境的参数具有时变特性。当仓储系统内部环境发生变化，表征环境的参数偏离仓储系统运行要求较大时，环境对货物的储存品质和仓储作业设备就会产生不利影响。因此，保证仓储系统环境状态良好是仓储管理的一项重要工作。减少环境变化对自动化设备和系统的影响，可以提高自动化作业系统的安全性、可靠性和稳定性。所以，实时监测和调控仓储环境，在自动化作业的仓储系统中尤为重要。

1.2　仓储管控一体化

仓储作为现代物流的重要环节，不仅要实现储存货物的功能，还要承担与企业供应链上下游良好衔接的任务。因此，保障仓储安全，提高仓储作业效率和服务品质，是不断提升仓储管理水平和技术水平的根本动力。我国的仓库总量很大，但是目前管理水平和技术水平参差不齐，绝大部分仓库的资源利用率低，信息化、自动化程度不高，安全性差，先进的仓储管理模式应用很少。

仓储作业管理系统按照功能可以划分为仓储环境监控与管理、设备控制与管理、作业调度与管理三大部分。传统的仓库设计与运作管理普遍将这三个部分看作相对独立的三个子系统，因此实际投入使用的仓储系统的三个子系统之间普遍存在信息共享程度低、系统联动性差、设备调度不合理和设备维护不及时等问题，导致仓库运行效率低下，存在环境、设备和作业人员方面的安全隐患。

经过多年的工程设计与运行管理实践，人们逐渐认识到发展智能仓储是提高仓储作业能力和服务质量、降低仓储风险的有效方法，研究和探索将三个子系统进行整合具有重要的现实意义。特别值得一提的是，在仓储作业调度与仓储设备控制一体化工程应用实践中，已经取得了良好的经济效益。但是，局部的或仅实施某项技术的智能仓储系统（如基于无线射频识别技术的智能仓储系统）不能全面解决仓储效率、环境风险、作业风险和设备维护等问题。发展和建设智能仓储系统应该从整体出发，将仓储环境监控与管理、设备控制与管理、作业调度与管理有机地整合在一起，形成以实时信息采集与处理为核心的智能自动执行系统，即基于物联网技术构建仓储管控一体化系统，可以保障仓储系统高效、安全运行。

基于上面的分析发现，仓储系统是一个复杂的大系统，涉及人、物、设备、环境和信息，这些系统要素相互影响，关系错综复杂，仅依据其中几个要素和不全面的信息进行仓储系统的运作与管理是不科学的。要想获得仓储系统最大的经济效益，同时避免产生风险，必须从整体上考虑系统的管理和运作。

仓储环境的变化对仓库中存储货物的品质和寿命有很大的影响，同时也影响仓库中作业设备和作业人员的安全；仓库中作业设备的健康状况决定了仓储作业能力，同时也影响仓库中作业设备和作业人员的安全。在不同的仓储环境状况和不同的作业设备健康状况下，采用恰当的作业调度策略，才能在保证安全的前提下，实现最优作业管理。

1.2.1 仓储管控一体化的核心思想

仓储管控一体化就是在充分的信息共享基础上，将仓储环境监控与管理、设备控制与管理、作业调度与管理整合在一起，形成以实时信息采集与处理为核心的智能自动执行系统，保障仓储作业的协调、安全、高效进行，进而提升仓储系统的整体运作效率和安全性。

仓储管控一体化要应用仓库实时状态信息，包括人、物、设备和环境的全局信息，是基于现实情境的动态管理。

1.2.2 实现仓储管控一体化的技术要求

仓储管控一体化系统从技术层面看，就是在信息共享的基础上实现多个子系统集成，把仓储系统看作一个完整的系统来进行控制和管理，既要保证各子系统能够正常独立运行、高度自治，又要求各子系统之间相互配合，在资源允许和保证作业人员、货物安全的前提下协同作业，以达到仓储作业负荷最大、整体最为经济的目的。

为了解决动态信息共享、系统联动的问题，仓储管控一体化系统应该设计成一个标准的工业自动化系统。在系统集成时，需要遵循广泛使用的工业标准。也就是说，仓储作业设备是配置有标准通信接口的智能化设备；网络与通信体系结构、设备选型、通信协议等方面都必须采用国际和国内通用的工业标准与规范，如在作业设备设计、制造和升级改造时，配备技术成熟的工业以太网接口、现场控制总线接口和 USB 接口；在条件允许的情况下，尽量采用有线供电和有线通信方式；在使用无线通信进行联网与数据传送时，优先选择使用广泛、稳定性与可靠性高的 Wi-Fi 和 4G 通信技术。

1.2.3 仓储管控一体化的应用现状

仓储管理系统是最先应用到仓储作业与管理的信息化系统，与纯手工作业管理相比，在作业效率和作业质量方面有了实质性的进步。在三十多年的发展过程中，仓储管理系统一直在探索与设备控制系统的结合，产生了许多从订单管理到在库拣选直至优化配送的全过程管理的应用工程，例如基于无线射频识别技术的智能仓储管理系统就是这样一种管控一体化的系统。这些运用单项或几项高新技术实现的智能仓储管控系统，取得了良好的经济效益和社会效益，使得仓储管理的技术水平前进了一大步，是目前正在大量使用和推广的技术方案。

然而，局部而不是完整系统化的技术解决方案，使得仓储系统的自动化、信息化和智能化技术水平和安全性与其他行业的工程应用系统（如与城市轨道交通综合监控平台等有相似作业要求的工程应用系统）相比存在巨大差距，与快速发展的物流需求相比还有很大的提升空间。

目前的仓储环境监控系统普遍存在监测的参数种类不够、监测点物理空间布局不合理等问题。仓储环境监控系统一方面不能够反映真实的仓储环境状况，另一方面也很难纳入作业调度管理，仍然只能作为仓储管理的一项独立工作。

仓储控制系统作为仓储设备控制与管理的中心，在应用中行使设备控制与管理的功能。但是，在实际仓储工程系统中很少存在对设备健康状况的在线监控功能，而缺少了此项功能，就等于仓储控制系统默认控制的设备是健康的，是能够全负荷参与作业的。

事实上，当仓储环境发生不良变化或向不满足作业环境变化时，仓储作业调度必须及时做出调整，或发出调整环境工况指令，或降低作业负荷；当参与仓储作业的设备健康状况发生不良变化或有发生故障的倾向时，仓储作业调度必须及时降低作业负荷。

1.2.4 仓储管控一体化系统的体系架构

仓储管控一体化体系架构可以依据系统化思想，按照仓储系统的用途和仓储作业设备配置的个性化特点进行设计。

一种具有普遍适用性的仓储管控一体化系统体系架构可以设计成三层结构：上层是协调与调度层，主要包括作业调度与管理；中层是控制与管理层，主要包括仓储环境监控与管理及设备控制与管理；下层是执行与设备层，主要包括传感器、执行器和作业设备。

协调与调度层接收作业任务或订单，在线计算仓储最大作业负荷，通过在线实时大数据分析引入人工智能和优化算法，自动协调仓储资源并生成作业指令下发给控制与管理层。

控制与管理层接收协调与调度层的作业指令，控制仓储系统执行器或作业设备做功完成货物移动，同时将执行与设备层的作业信息、作业设备健康状况信息、仓储环境信息等上传至协调与调度层。

执行与设备层接收控制与管理层的驱动和控制，通过做功完成作业任务，同时将采集的作业信息、作业设备健康状况信息、仓储环境信息等上传至控制与管理层。

仓储管控一体化系统中的每层可以横向扩展功能和用途，三层之间信息互通互联，整个系统构造成一个闭环的动态自适应系统。

1.2.5 实施多条件约束的作业调度策略

通过上面分析可以得出结论：仓储管控一体化系统是信息自动采集、全局资源共享，有效实现仓储环境、设备、作业自动协调控制与管理的一体化系统，其实现的关键是实时动态信息的采集、传输和处理，其核心功能是将仓储系统中的情景信息进行分析推理，自动协调仓储资源并生成作业调度策略。

1. 在线计算仓储最大储存负荷

仓库作为货物储存和周转的重要物流节点，都应该配备仓库环境监控系统。对于大多数仓库来说，从开始使用就应该重视仓库环境的监控。但是，受投资和市场技术产品的限制，目前大部分仓库仅对温度和湿度进行定时采集，有些重要和特殊仓库配备实时在线监测系统，可以在线监测除温度、湿度以外的其他少数几个环境参数。

由于不同货物对安全存储需要的环境条件不同，所以仓库仅对温度、湿度进行监控显然是不够的，应该按照储存货物的实际条件要求，科学选择实际需要监控的多个环境参数，实施多参数实时监控。大多数情况下，还需要仔细研究数据采集点的空间部署，对于立体库等平面面积大、垂直高度高的仓库，还需要进行立体空间数据采集点的空间部署。而对于存储化学品或有挥发性货物的仓库，经常需要进行多参数信息融合，获得能更明确地反映环境状态的信息，以保证监控的有效性和仓库的安全性。

基于现有传感器技术和嵌入式系统技术发展水平，应用有线和无线传感器网络技术，研制开发具有感知和传送多参数能力的传感器网络节点设备，构建基于物联网的具有多维空间、多参数监测能力的仓储环境监控系统，可以满足监控不同物理特性和储存各式各样货物的需求。通过多参数监测、信息共享和多传感器信息融合技术，可以提升仓储环境监控的科学性和有效性，同时为实施环境约束的作业调度策略提供实时仓储环境安全参数。

目前，研制与开发具有标准工业接口、模块化、可组态、在线监控多参数、信息联网传输并能够在线进行多传感器信息融合的技术已经成熟。选用集成一体化传感器、电化学传感器以及多传感器阵列，可以做到精确监测，及时管控。针对仓储系统环境慢、缓、变的特点，利用信息融合推算出仓库现实和预期的安全状况，采用情景分析手段，可以计算获得仓库目前和未来的合理储存容量，即仓储最大储存负荷。

2. 在线计算仓储最大作业负荷

仓储作业是一种以离散作业为主，包括连续作业的混杂作业过程，移动货物和暂时存放货物是其双重任务。因此仓库中的作业设备有大量固定设施设备，例如货架、机械臂、传送带等，同时也有大量可以移动的设备，例如搬运车、有轨运输车、自动导引运输车、移动货架、堆垛机等。

在货物入库、在库盘点、拣选和出库等主要作业过程中，搬运和移动货物设备是重要的作业工具，这些设备的健康状态直接影响仓储作业的能力和作业质量，货架等存放货物的设施设备的健康状态直接影响货物的储存能力和储存质量。因此如何实现仓储作业设备健康状态的在线实时监测，在线计算仓储作业的最大负荷，对于科学制定仓储作业调度尤为重要。

在电力、石油、化工和城市轨道交通等工程实践中，设备健康状态监测的手段和方法已经基本成熟，特别是在航空航天和军工领域有许多可以直接借鉴的经验和手段。

基于物联网技术实施固定或移动设备的健康状态监测和设备故障诊断可以取得令人满意的效果。加装在线监测设备，辅以离线故障诊断技术，可以对仓储作业设备的健康状态进行实时监测和故障预测，同时，通过物联网提供的仓储环境参数和作业设备运行数据，在线计算仓储存储能力和设备作业能力，进而为制定仓储作业调度策略提供仓储作业最大负荷参数。

3. 在线自动生成作业调度策略

仓储作业调度是仓储系统的核心业务，为了提高仓储响应能力、成本效益和灵活性，满足不断增长的客户需求，人们一直十分重视仓储作业调度优化方法的研究和实践。然而，到目前为止，仓储作业调度绝大部分还是传统的基于人工经验或者基于固定的数学模型自动计算生成。这种传统的仓储作业调度方法是从订单或任务需求出发，单向生成作业任务清单，指令下发给作业人员和设备去执行，是开环的作业方式。这种仅根据仓储系统设计参数或历史经验生成的作业调度指令，没有考虑动态实时仓储存储能力和设备作业能力，容易造成仓储作业能力与作业调度之间不匹配，也可能引发仓储作业环境恶化的风险。

仓储管控一体化系统是将仓库中的作业人员、作业设备、货物、环境等作为系统要素进行全面管控，是一个人、机、物、环境联动的整体。因此需要通过信息全面共享综合仓库动态情景，在线自动生成作业调度指令，其实质是实施仓储最大储存负荷、仓储最大作业负荷等多条件约束的作业调度策略。

1.3 仓储环境监控的体系架构

1.3.1 分层体系架构

仓储系统具有明显的个性化特征。仓库的大小、封闭程度、存放货物的种类以及货物的物理、化学特性都会影响仓储环境监控的方式、方法和使用的技术与手段。最大化的仓储环境监控系统应该是一个分布式计算机监控系统。按照构成系统的功能，可以划分为四层体系架构，如图1-1所示。

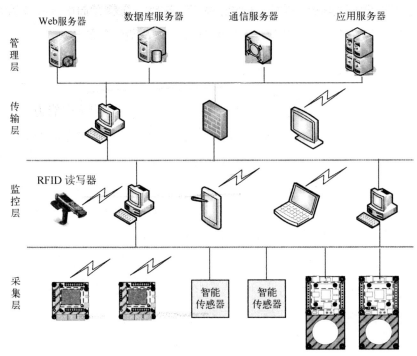

图1-1 仓储环境监控体系架构

1）采集层：包括智能传感器、前端数据采集设备、智能仪表、智能监控装置等，采集仓储环境参数，进行数据预处理、存储、计算、显示、报警并传输给监控层。采集层进行的计算处理属于边缘计算的范畴，计算与存储能力有限。

2）监控层：包括工业计算机、笔记本计算机、PAD、手机、RFID读写器等，用于对采集层传输来的数据进行计算处理，如批量存储、数据融合、基于模型的分析判断、给出环境调控决策等。同时，将处理后的环境信息、计算结果或决策信息传递给传输层。

3）传输层：实现信息的转换、路由、传输等功能。

4）管理层：对于大型复杂的仓储系统，管理层全面管控仓储作业，是实现仓储管控一体化的控制中心。环境监控系统是管理层的组成部分之一，环境参数的变化直接或间接影响仓储作业的存储负荷和作业负荷。

1.3.2 采集层与监控层

对于存储货物种类较少、存储空间不大的中小型仓库，环境监控完全可以由采集层和监控层来完成。采集层安装智能监控仪表和装置，采集和显示环境参数；监控层实现信息存储、融合计算，做出环境调控决策。同时，监控层为作业系统提供整个仓储系统作业的环境约束，即作业最大负荷指令。

1.3.3 管理层

管理层使用环境信息为整个仓储系统的作业提供决策和管理服务。管理层可以按照功能部署多个服务器，也可以用一个服务器并行完成多个任务，这取决于仓储管理任务的复杂程度。无论如何，在管理层设置数据库存放业务信息和环境信息是必要的。同时，在管理层进行复杂计算，同时完成多个子系统的作业协调是其中心任务。

1.4 智能监控装置的组合模型

1.4.1 智能监控装置的需求分析

实现仓储管控一体化，要求仓储环境监控装置具有多参数监测功能，具有数据采集、存储、计算、显示、报警和数据传输功能，具有丰富的工业标准化接口。

为了适应种类繁多的仓储系统的个性化需求，智能监控装置应该是硬件和软件都能够快速灵活配置的系统。硬件的模块化设计，有利于快速搭建特殊要求的硬件系统，同时最大化地实现软件复用。

1.4.2 组合模型

传统的无线传感器网络节点一般包括主控模块、传感器模块、通信模块、人机接口模块和电源模块。这种划分方法粒度大，不利于快速搭建个性化需求的监控硬件系统。

硬件的模块化设计要根据仓储监控的需求来划分。如图1-2给出了一个智能仓储环境监控装置的组合模型。该模型采用粒度较小的部件方案，每一个小方块作为一个硬件单元，通过多个硬件单元组合构建智能监控装置。这样做就增加了硬件构成的灵活性，同时符合无线传感器网络架构，具有广泛的适用性。

一般来说，大气压力、温度、湿度和振动信息是一般仓库都需要监控的参数，可以将微处理器、FLASH 存储器、实时钟、看门狗、LED 指示灯、USB 接口、OLED 显示屏（可选）、按键与开关（可选）以及大气压力传感器、温湿度传感器、三轴加速度传感器等构成基本监控单元，再根据实际需求增加其他硬件单元构建个性化监控装置，具体参看第4章相关内容。

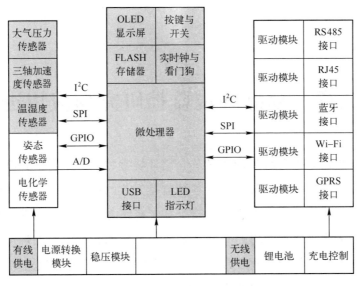

图 1-2 智能监控装置的组合模型

1.5 总结

  仓储系统是复杂的人造系统，构成仓储系统的要素复杂多变，要素之间关系错综复杂，并且存在大量的信息交换。从系统的角度看，仓储系统具有空间的封闭性、要素的复杂性、结构的多样性、交换的非连续性、环境的时变性五大特性。要想获得仓储系统最大的经济效益，同时避免产生风险，必须从整体上考虑系统的管理和运作，实现仓储管控一体化系统。

  仓储环境的变化对仓库中存储货物的品质和寿命有很大的影响，同时也影响仓库中作业设备和作业人员的安全。仓储系统具有明显的个性化特征。仓库的大小、封闭程度、存放货物的种类以及货物的物理化学特性都会影响仓储环境监控的方式、方法和使用的技术与手段。最大化的仓储环境监控系统应该是一个分布式计算机监控系统。

  为了适应种类繁多的仓储系统的个性化需求，智能监控装置应该是硬件和软件都能够快速灵活配置的系统。硬件的模块化设计，有利于快速搭建特殊要求的硬件系统，同时最大化地实现软件复用。

第 2 章　仓储环境监控研究与应用进展

本章分析仓储环境监控的意义及仓储环境参数，总结目前存在的仓储环境监控的方法与手段，并对比分析各种监控方式的特点；阐述仓储环境监控的发展历程，从传统的人工监测方式及基于有线方式构建的仓储环境监控系统，到基于无线传感器网络的仓储环境监控系统的转变。仓储环境监控系统保证了仓储过程中各种环境参数数据采集的实时性，环境参数控制的自动化、智能化，确保货品在适宜的环境中储存。

2.1　仓储监控的目的与意义

仓储系统一般是封闭或半封闭的物理空间，其环境状况直接影响储存物品的使用寿命和工作可靠性。因此，科学合理地进行仓储环境监控可为防潮、防腐、防霉、防爆等仓储安全管理工作提供有效参考，对现代企业生产及相关物流有极重要的影响。

2.1.1　仓储监控的意义

仓库内温度、湿度、光照度等都是影响存储物品质量和寿命的重要参数，针对储存物品的不同特性积极创造适宜的存储环境来保证物品的质量和品质，能够起到减少损耗、节约成本的作用。随着蔬菜、水果、药品等温度敏感性产品以及危险品等特种物流的发展，有效地控制环境参数不仅可以保证存放产品的质量，延长产品的存储寿命，还能增加安全系数，对整个物流系统和社会经济具有重要意义。

据 WTO 的报告分析，各个行业由于环境参数控制不当都会造成大量的损失，如每年全球单单因食品腐败变质造成的经济损失就高达数百亿美元；全球范围内新鲜果蔬在运输过程中约有 25% 的产品因腐烂变质不能利用，其腐烂损耗几乎可满足 2 亿人口的基本营养需求；烟草行业对原料仓储环境的湿度比较敏感，我国每年烟叶的霉变比例达到 2%，经济损失达上亿元；药品存放不当引起的药品变质、过期所造成的经济损失和造成人身伤害的间接经济损失高达几十亿元，这不但是经济价值方面的损失，还包含了环境污染而造成的潜在损失。因此，对仓储环境进行高效精准的监控是现代仓储系统的一个研究重点。

2.1.2 仓储监控的作用

仓储环境监控能够及时获取反映仓库环境质量现状及发展趋势的准确、全面的数据，从而科学地指导仓库环境控制、货物管理等，包括：

1）对照仓库环境质量标准，对环境质量做出评价。

2）根据仓储环境参数变化情况，追踪发掘其变化趋势，为实现对仓储环境的监控和管理提供依据。

3）收集实时数据，能够实时掌握突发情况并进行处理；积累长期监控资料，为研究仓储环境情况、物品管理、预测环境质量等提供数据支持。

4）为保证物品质量、改善仓储环境、合理利用资源、制订仓储环境安全规范等服务提供依据。

随着现代化物流在越来越多的行业中的作用日益凸显，许多企业对物流服务尤其是仓储服务提出了个性化的需求，例如一些大型的商场和超市要求仓储中心实现温湿度分区控制；乳制品企业在原料及成品的仓储中需要对温度进行严格控制；烟草行业对仓储中心的湿度极其敏感；葡萄酒酒窖的环境控制更是涉及温度、湿度、光照、振动、通风和土质等多项参数；特殊药品及生物制品需要存储在一定温湿度要求的库房等。这些个性化的需求不仅给物流行业带来了发展机遇，也对仓储环境管理提出了新的挑战。因而对于仓储环境监控智能化和环境参数分布式监控的需求日益提高。

2.2 仓储环境特性与表征参数

仓储环境参数可反映仓储环境的状态。影响仓储环境的参数主要有温度和湿度、光照度、气体浓度、粉尘和烟尘等。大多货物在储存过程中对仓库环境都要求很高，尤其要严格控制温度和湿度的变化；气体浓度受仓储周边环境和存储货物的物理化学变化的影响；粉尘遇明火极易爆炸，直接威胁仓储安全；烟尘主要由燃烧物产生。此外，光照强度、空气流速以及空气 pH 值等参数也会影响部分货物的存储质量。

2.2.1 温度与湿度

在仓储环境中，温度和湿度是较为常见的环境参数，其变化直接影响着存储货物的性质。不同类别的货物拥有不同的物理、化学性质，因此对温湿度的适应性也就不同。

1. 温度

温度是表示物体冷热程度的物理量，微观上来讲是物体分子热运动的剧烈程度。温度只能通过物体随温度变化的某些特性来间接测量，而用来量度物体温度数值的标尺叫温标。它规定了温度的读数起点（零点）和测量温度的基本单位。目前国际上用得较多的温标有华氏温标（℉）、摄氏温标（℃）、热力学温标（K）和国际实用温标。

普通货物的一般存储温度为 25℃ 左右，现有常温库的温度在 0~30℃ 之间，所以大多货物都可以在常温库中存放。另外，某些货物对其所处环境的空气温度要求非常严格，为确保产品质量安全和减少损耗，在生产、储藏、运输和销售等各个环节中，必须始终处于规定的温度环境下。根据相关规定和要求，原料采购接收时除了检验食品的保质期、外包装、食品外观等外，还必须对食品的内部温度及运输过程中温度的连续性变化进行严格检查。典型的温度敏感性产品有生鲜食品、乳制品、园艺品、血液、疫苗以及药品等。

2. 湿度

湿度表示空气的干湿程度，可用绝对湿度、饱和湿度和相对湿度三种方法表示，其中最常用的是空气相对湿度。

1）绝对湿度：绝对湿度亦称水蒸气密度，它表示水蒸气的质量与总容积的比值。即每立方米湿空气中所含水蒸气的质量，单位为 g/m^3。

2）饱和湿度：饱和湿度表示在一定温度下，单位容积空气中所能容纳的水汽量的最大限度。如果超过这个限度，多余的水蒸气就会凝结，变成水滴，此时的空气湿度便称为饱和湿度。

3）相对湿度（Relative Humidity）：用 RH 表示，指空气中水汽压与相同温度下饱和水汽压的百分比；或湿空气的绝对湿度与相同温度下可能达到的最大绝对湿度之比；也可表示为湿空气中水蒸气分压力与相同温度下水的饱和压力之比。

空气湿度受空气温度的影响很大，当温度不断上升时，潮湿的空气会变得越来越干燥。对有些怕潮易霉、易锈的商品，通常采取升温来降低湿度的措施，就是运用的这一原理。同一仓库内，向阳面及仓库上部温度较高，相对湿度偏低；背阳面及仓库近地面处温度较低，相对湿度则偏高。对空气湿度敏感度不同的货物进行入库操作时，需将其存放于仓库中的适宜位置。

仓库湿度是决定水果成熟度的因素之一；存放金属的仓库里湿度过高可能导致腐蚀；其他许多货物比如化学药剂、烟、酒、香肠、木、艺术品、集成电路等也必须在一定的湿度或在湿度为零的条件下存放；绝大部分电子产品都要求在干燥条件下作业和存放。据统计，全球每年有 1/4 以上的工业制造不良品与潮湿的危害有关。对于电子工业，潮湿的危害已经成为影响产品质量的主要因素之一。在许多工厂仓库，尤其是微电子工业中都采用空调装置来控制室内的湿度。因此，仓储环境中对湿度的监控是必须而且至关重要的。

2.2.2　空气流速

仓储环境中的各个参数往往相互关联、彼此制约,空气流速、温度和相对湿度三者间即存在此关系。空气流速即空气流动的速度,以 m/s 为计量单位。空气流动的速度越快,空间内温度和湿度就越低。在现代仓储中,仓储的温度、湿度等环境参数往往依靠自然或人工通风进行调节。

2.2.3　气体浓度

仓储中各类气体的含量受仓储周边环境和存储货物的物理、化学变化释放气体的影响,不同种类气体浓度是仓库环境监控的一个重要参数。比如在档案库房管理中,需要监测二氧化硫(SO_2)、硫化氢(H_2S)、氮的氧化物（NO、NO_2）和氯气（Cl_2）等对库存物品有损害的气体。周围绿化效果好,有害气体的污染度就小,相反,环境污染严重,有害气体就趁机而入,产生的危害就大。例如在棚室蔬菜种植中,对作物喷施的农药会分解出有害气体,粪肥释放氨气,质量不好的地膜、棚膜还会释放出乙烯气体,这些有害气体都会危害蔬菜,应及时排出棚室。同时,氧气和二氧化碳的浓度会影响维持有机物自身生命活动的代谢过程,是仓储气体浓度监控的重点。

氧气是仓储环境中重要的被测参数之一。仓储货物分为有机物和无机物,有机物的呼吸作用通过吸入氧气释放二氧化碳分解体内有机物,产生热量并维持其本身的生命活动。食品属于有机物,典型的食品储藏是大型粮库。对于粮食储藏,由于虫蛀、霉烂、鼠害等多种原因,每年损耗的粮食达6%以上。许多大型粮库实行了低氧、低温、低药量等方法储存粮食,并且收到了较好的效果。为了有效地储藏粮食,必须降低粮堆中的氧气浓度。采用这种方法这样可以控制微生物和害虫对粮食的损害,但考虑到粮食和种子的呼吸,氧气浓度过低又会造成粮食和种子的死亡和霉烂,一般粮堆中氧气浓度控制在5%左右且不小于2%时,粮食储藏效果最佳。

有机物的呼吸作用消耗环境中的氧气并释放大量二氧化碳，人员在没有任何防护措施的情况下进入该环境，轻者头痛不适，重者产生昏厥。二氧化碳在空气中的含量超过正常值（0.03%）能使人呼吸加深加快，含量为1%的时候人的呼吸量增加25%，含量为3%时人的呼吸量陡增2倍，当二氧化碳在空气中的含量超过25%的时候，人的呼吸中枢麻痹并引起酸中毒，因此二氧化碳吸入浓度不宜超过10%（正常氧气含量下）。在果品仓储环境中，除了二氧化碳和氧气外，具有催熟作用的乙烯气体的浓度也被作为重要的监测参数。

2.2.4 光照度

光照度，即通常所说的勒克斯（lx），表示被照射主体表面单位面积上所受到的光通量。1 lx 相当于 1 lm/m^2，即被照射主体每平方米的面积上，受距离1 m、发光强度为1 cd 的光源，垂直照射的光通量。

在仓储环境中，光照度对货物的存储有积极的影响，也存在着消极影响。对光照度特别敏感且性质不稳定的物质，在光照条件下易分解并导致变质，反应过程中产生的热量和可能的可燃性气体会引发安全事故。太阳光中含大量紫外线，仓储货物受到紫外线的侵害十分明显，却往往被仓管人员所忽视，一般化学品仓储采用背光的方式来防止紫外线直接照射。另外，棉、麻、毛、丝等原料及其制成品，在日光、高温条件下会产生发软、发黏等现象。因此，这类对光照敏感而产生质变的货物须避免日光直射或在监控环境下存放。同时，日光又影响很多微生物的生长，霉腐微生物可致食品、工业制品等发生霉变和腐烂，严重影响货物的仓储安全。此类微生物在日光直射下1~4 h即可死亡，因此易发生霉腐的货物应储存在光照度较好的环境中。

2.2.5 粉尘与烟尘

粉尘（Dust）是指悬浮在空气中的固体微粒。习惯上对粉尘有许多称呼，如灰尘、尘埃、烟尘、矿尘、沙尘、粉末等，这些名词没有明显的界线。国际标准化组织规定，将粒径小于 75 μm 的固体悬浮物定义为粉尘。在大气中粉尘的存在是保持地球温度的主要原因之一，但在生活和工作中，生产性粉尘是造成环境污染的重要因素之一，也是人类健康的天敌，是诱发多种疾病的主要原因。

粉尘在一定空间内遇到明火极易发生爆炸，是仓储环境安全的一大威胁。粉碎机工作过程中，所做功的一部分转化成能量储存在被粉碎后的物质颗粒表面，这部分能量在物理化学中称为"表面能"。物质被粉碎的程度越大、颗粒越小、表面积越大，表面能就越大，就更容易发生物理变化或化学变化。这些细小粉尘遇到适宜的条件，与空气充分混合，就会在瞬间放出巨大的能量而迅速激烈地燃烧。凡是易燃烧的粉尘，如面粉、砂糖、水泥、可可、软木、木材、轻橡胶、皮革、塑料等，以及各种无机材料，如硫、铁、镁、钴的粉尘，在空气中达到一定的浓度且遇到明火都会发生剧烈的爆炸，一般建立专用库来存储。粮食在仓储过程中搬运、平推、翻动粮面，都产生大量的面粉、麸皮、泥沙及农药类杂质和微金属物质等的混合粉尘。粮食在储运过程中，一般作业区含尘浓度应低于 10 mg/m^3 的国家环保标准，否则将严重影响岗位人员身体健康，加速机械老化，引发爆炸事故。因此，对仓储环境参数的监控，增加参数预警功能，能够有效地控制灾难事件的发生。

目前，许多仓储中心要求定期检测空气中粉尘浓度，将检测结果整理归档，并制定治理粉尘的技术措施计划，如在库房和产尘车间周围进行绿化，以减少粉尘对环境的污染。

2.2.6　风压

由于建筑物的阻挡，使四周空气受阻，动压下降，静压升高。侧面和背面产生局部涡流，静压下降，动压升高。和远处受干扰的气流相比，这种静压的升高和降低统称为风压。

当库房内有散热量时，全面换气通风便靠室内外温差形成的热压和作用于建筑物时的风压来实现。另外，风压的大小对空气中灰尘浓度也是有影响的，由于有风，空气中自带的灰尘就会随着风速在外围环流，从正压吹向负压。因此，对于某些类型（如磁性载体）的仓库管理而言，要求库房风压宜保持为正压，减少灰尘环境的污染；库房中应无腐蚀性气体，并保证通风良好。

2.2.7 空气 pH 值

"空气 pH 值"原是为解决酸雨问题而提出的一个概念，是指空气通过曝气，将其中的可溶性物质溶于水后，导致水中氢离子、氢氧根离子的相对含量发生变化而显示出的 pH 值。货物一般存储于室内环境中，从普遍意义上讲，它受到酸雨威胁很小，与空气 pH 值关系也较小。然而，仓储环境是一个动态的系统，环境本身直接影响货物的物理、化学特性，货物受到外界因素的影响导致性质发生变化，产生挥发、升华等现象，反馈到环境中去，产生相互联系又彼此制约的关系。例如在化学品库中，各类化学品粉剂、液体，通过升华和蒸发与空气中的水蒸气结合，使空气 pH 值呈碱性或酸性，遇到冷空气形成小水滴并附着于货物表面，轻则货物包装受损，重则货物本身发生化学反应，产生危险。

总之，为保证仓储作业正常的运行，需要根据仓库所储藏物品种类的不同，制定具体的环境参数监控要求，对影响运行环境的关键参数进行监控，并将所采集的数据传输到 PC 上进行数据存储与分析，在参数异常情况下以多种形式报警通知相应人员，以便采取必要的措施，为不同层次的用户管理提供一个多级的管理、监控平台。

2.3 仓储环境监控的方法与手段

2.3.1 目前的技术与方法

目前，仓储环境监控的技术与方法处于新旧更替阶段，旧的方法仍在使用,新的方法逐步引入,适应复杂仓储环境监控的新型技术与方法还在研究和工程探索中。考察国内应用现状,可以发现目前存在的主要技术手段有人工定点巡检、有线连续在线监控以及无线连续在线监控等。

1. 人工定点巡检

人工定点巡检方法由技术人员或仓库管理人员,利用温度计、湿度计或湿度试纸、压力计等手持式探测装置到现场某位置进行环境参数测量,定时或不定时查看并记录仓库的环境参数值,发现异常情况则采取相应措施来调控环境参数使其值达到标准。这种方法所采用的设备相对简单,但也有许多弊端。例如时间和人力成本高、效率低;只能得到某段时间内的参数值、无法提供实时值;受人为因素的影响导致监测结果误差很大;对危险的仓储环境(如仓库内有害物质浓度较高)进行监测时,监测人员的健康会受到严重损害等。这种监控方式已经不能满足越来越高的环境监控要求,有被连续在线监控方式取代的趋势。

2. 有线连续在线监控

有线连续在线监控方法主要是利用传感器对监测对象进行测量,然后把测量数据通过有线方式发送到监控中心实现管理控制。这种方法相对人工定点巡检方法具有稳定可靠、能够提供实时数据、数据传输速率高等特点,但是对于监测点分布广泛、数目众多、监测点的数量和位置经常变动的情况,也有明显的弊端:

1)在某些污染严重,不适于人员进入或其他不利于布线的情况下,布线困难,难以实现大规模信息采集,信息采集的难度大。例如储存有害物质的仓储环境、球形仓、筒仓等仓库内都存在布线困难的问题。

2)当仓库较大,监测点数量众多时,若将仓库内所有的监测点都用线缆和计算机相连,那么线缆用量将非常大,布线架线也变得十分复杂,系统的可靠性降低,而且为以后的维修带来很大麻烦。

3)不易扩展。监测对象可能有时会变动位置,需要监测的目标数量也可能会发生改变,这时网络结构可能会需要大规模的调整来适应这些变化,这会大大增加成本。

4）有些需要监测的环境比较脆弱，对外部因素的影响非常敏感，在这种环境中大量布设通信设施和线缆会破坏被监测的仓储环境。

鉴于有线监控方法以上的不足以及随着无线通信技术的快速发展，仓储环境监控系统设计越来越趋向于无线监控方式。

3. 无线连续在线监控

随着无线通信技术的飞速发展，人们开始研究采用无线通信技术实现对仓储环境的监管，以提升物流企业的整体运营效率。目前，常用的对环境的无线连续在线监测方法主要有两种：基于集群移动通信系统、GSM、GPRS 和 CDMA 等以及基于无线传感器网络（WSN）。前者虽然克服了有线传输方式的一些缺点，但是也有各自的不足，例如集群通信系统是专用移动通信网，因此建设周期比较长、成本较高，维护不是很方便，有效覆盖范围也有限；GSM、GPRS 和 CDMA 等都是利用移动公网的资源，投资相对集群移动通信系统较少，但是当需要监测的区域范围较大时，如果所有监测点都采用这些通信方式，会大大增加投入和维护成本；而且对于一些人工难以到达的环境，监测点的部署和维护也是一大难题。

2.3.2 智能化仪表与装置

鉴于上述传统或现有监控手段的不足，将无线传感器网络技术应用到仓储环境监控系统中，可以有效地克服上述弊端。20 世纪 90 年代兴起于美国的无线传感器网络技术是将功能相同或不同的无线智能传感器以一定的方式自组织而成的网络化、智能化的传感器网络。该网络有低成本、低功耗、密集型、随机分布等特点，能够实时对监测区域中探测目标的各种相关参数信息进行监控，同时可以对有用数据做相应处理，并以无线的方式发送给用户。

环境监控是无线传感器网络的一个典型应用领域，而基于无线传感器网络的仓储环境监控系统则是无线传感器网络在环境监测领域应用中的一个新的尝试与扩展,能有效地弥补传统监控系统的不足。无线传感器网络是一个由许多功能相同或不同的无线智能传感器组成的网络化、智能化的网络,能够极大地提高监控能力,可用来对仓储环境的各项参数进行监控,为储存物品的质量安全提供保障。其可扩充性能够满足监测节点分布无规律的特点,自组网及容错能力可以保证其不会因为个别节点退出网络而致使整套系统瘫痪。无线方式连接更加灵活,部署几乎不受监测对象的制约,易于维护,且成本较低。监测区域中的各种环境信息,通过传感器节点内置的对应功能的传感器实时地感知和采集,人们可以在任何地点和时间获得环境的各种可靠信息。无线传感器网络技术在仓储环境监控系统中的应用潜力非常大,尤其是传感器节点部署、传感器节点设计与实现、系统架构及设计、无线通信技术和环境参数分析成为目前国内外研究的热点。

2.3.3 无线传感器网络

无线传感器网络自身的特点使得它应用在仓储环境监控系统中具有明显优势:

1) WSN 节点的体积一般都很小,整个网络通常只需要部署一次,因此部署 WSN 时对监测环境的人为影响较小。比如储存精密仪器等物品的仓储环境对粉尘、空气含量等参数的控制要求非常高,如果将传感器网络在仪器入库前就部署好,当货物存放在仓库之后,人员不需进入就可以对仓储环境进行监控,从而大大降低了外来因素的影响。

2) 可以对仓储环境进行全方位覆盖监控。WSN 节点数量众多,通常分布密度较高,每个节点都将自己监测到的局部信息传送到 Sink 节点,Sink 节点可以对这些大量冗余的数据进行融合处理,得到相对准确的结果发送到监控中心,这样就可以保证仓储管理人员能够获取大量相对可靠的信息。

3) WSN 节点本身具有一定的计算和存储能力,能够根据环境的变化进行较为复杂的监测,传感器节点之间还可以进行协同监测。

4) 投资少。WSN 部署简单,无需布线,无需派人到现场维护。初期建设时设备成本与有线设备相当,但节约了电缆和布线施工成本,且后期维护成本大大降低。

5）扩展性强。由于 WSN 是一个自组织的动态网络，无需人工干预即可自动组网，传感器节点能够自动加入、退出网络。当监测点数量或位置需要变动时，可以方便地重构系统。

6）系统可结合 GSM、互联网等资源，实现仓储环境无人值守解决方案。库房出现异常时，通过短消息报警、手机或电话振铃、发送电子邮件等方式，将当前的仓储环境参数信息发送给相关管理人员，充分实现无人值守的远程监控。

为此，基于 WSN 的仓储环境监控系统以其安装简单、投资少、网络易扩展、可维护性好、采集的数据翔实准确等优势，能够加快实现仓储管理系统智能化、企业物流系统信息化、自动化的脚步。在实际应用中应结合仓库的特定环境对节点进行设计。通过对芯片和传感器的研究，可以设计出具有丰富功能的仓储环境监测无线传感器节点。

2.3.4 无线传输技术

目前，可应用于仓储环境监控的无线通信技术主要有 Zigbee 技术、无线局域网 Wi-Fi 以及蓝牙技术等。

1. Zigbee 技术

Zigbee 技术是一种无线通信技术，主要用于距离短、功耗低且传输速率不高的各种电子设备之间进行数据传输以及典型的有周期性数据、间歇性数据和低反应时间数据传输的应用。Zigbee 是一种高可靠的无线数传网络，类似于 CDMA 和 GSM 网络。Zigbee 数传模块类似于移动网络基站。通信距离从标准的 75 m 到几百米、几公里，并且支持无限扩展。与移动通信的 CDMA 网或 GSM 网不同的是，Zigbee 网络主要是为工业现场自动化控制数据传输而建立，因而，它必须具有简单、使用方便、工作可靠、价格低的特点。每个 Zigbee 网络节点不仅本身可以作为监控对象，例如其所连接的传感器直接进行数据采集和监控，还可以自动中转其他网络节点传过来的数据资料。除此之外，每一个 Zigbee 网络节点（FFD）还可在自己信号覆盖的范围内，和多个不承担网络信息中转任务的孤立的子节点（RFD）无线连接。

作为一种无线通信技术，Zigbee 具有如下特点：

1）低功耗。由于 Zigbee 的传输速率低，发射功率仅为 1 mW，而且采用了休眠模式，功耗低，因此 Zigbee 设备非常省电。据估算，Zigbee 设备仅靠两节 5 号电池就可以维持长达 6 个月到 2 年的使用时间，这是其他无线设备望尘莫及的。

2）成本低。Zigbee 模块的初始成本在 6 美元左右，估计很快就能降到 1.5~2.5 美元，并且 Zigbee 协议是免专利费的。低成本对于 Zigbee 也是一个关键的因素。

3）时延短。通信时延和从休眠状态激活的时延都非常短，典型的搜索设备时延为 30 ms，休眠激活的时延为 15 ms，活动设备信道接入的时延为 15 ms。因此 Zigbee 技术适用于对时延要求苛刻的无线控制（如工业控制场合等）应用。

4）网络容量大。一个星型结构的 Zigbee 网络最多可以容纳 254 个从设备和 1 个主设备，一个区域内可以同时存在最多 100 个 Zigbee 网络，而且网络组成灵活。

5）可靠。采取了碰撞避免策略，同时为需要固定带宽的通信业务预留了专用时隙，避开了发送数据的竞争和冲突。MAC 层采用了完全确认的数据传输模式，每个发送的数据包都必须等待接收方的确认信息。如果传输过程中出现问题可以进行重发。

6）安全。Zigbee 提供了基于循环冗余校验（CRC）的数据包完整性检查功能，支持鉴权和认证，采用了 AES-128 的加密算法，各个应用可以灵活确定其安全属性。

随着我国物联网进入发展的快车道，Zigbee 也正逐步被国内越来越多的用户接受。Zigbee 技术也已在部分智能传感器场景中得到了应用。Zigbee 的开发弥补了无线网络通信市场对低速、低功耗、低成本的需求，可是从实际使用频率上来看，相比 Wi-Fi 和蓝牙依旧有着较大差距。但 Zigbee 的优势是其他无线传输技术无可替代的，因此发展前景也十分广阔。

2. 无线局域网 Wi-Fi

Wi-Fi 是一个基于 IEEE 802.11 标准的无线局域网技术，是目前应用最广泛的无线通信技术。Wi-Fi 技术应用比较成熟，使用灵活，传输速度非常快，可以达到 54 Mbit/s，符合个人和社会信息化的需求。Wi-Fi 最主要的优势在于不需要布线，可以不受布线条件的限制，因此非常适合移动办公用户的需要，并且由于发射信号功率低于 100 mW，低于手机发射功率，所以 Wi-Fi 上网相对也是最安全健康的。

由于无线网络的频段在世界范围内是无需任何电信运营执照的，因此 WLAN 无线设备提供了一个世界范围内可以使用的，费用极其低廉且数据带宽极高的无线空中接口。用户可以在 Wi-Fi 覆盖区域内随时随地查看信息。

Wi-Fi 的功耗比较高，需要较高的电能存储，从而导致成本较高。

3. 蓝牙

蓝牙技术是一种无线数据和语音通信开放的全球规范，它是基于低成本的近距离（一般 10 m 内）无线连接技术，能够有效地简化移动通信终端设备之间的通信，也能够成功地简化设备与因特网之间的通信，从而使数据传输变得更加迅速高效，为无线通信拓宽道路。

蓝牙作为一种小范围无线连接技术，能在设备间实现方便快捷、灵活安全、低成本、低功耗的数据通信和语音通信，因此它是目前实现无线个域网通信的主流技术之一，与其他网络连接可以带来更广泛的应用。

蓝牙技术的特点主要有：

1）适用设备多，无需电缆，通过无线使计算机和电信联网进行通信。

2）工作频段全球通用，适用于全球范围内用户无界限的使用，解决了蜂窝式移动电话的"国界"障碍。蓝牙技术产品使用方便，利用蓝牙设备可以搜索到另外一个蓝牙技术产品，迅速建立起两个设备之间的联系，在控制软件的作用下，可以自动传输数据。

3）安全性和抗干扰能力强。由于蓝牙技术具有跳频的功能，有效避免了 ISM 频带遇到干扰源。蓝牙技术的兼容性较好，目前，蓝牙技术已经发展成为独立于操作系统的一项技术,实现了各种操作系统中良好的兼容性能。

4)传输距离较短。现阶段,蓝牙技术的主要工作范围在 10 m 左右,经过增大射频功率后的蓝牙技术可以在 100 m 的范围进行工作,只有这样才能保证蓝牙在传播时的工作质量与效率,提高蓝牙的传播速度。另外,在蓝牙技术连接过程中还可以有效地降低该技术与其他电子产品之间的干扰,从而保证蓝牙技术可以正常运行。蓝牙技术不仅有较高的传播质量与效率,同时还具有较高的传播安全性特点。

不同无线通信技术的仓储环境监测系统研究是当今的研究热点。仓储环境监测在粮仓、危险货品仓库、烟草仓库、纺织品仓库及名贵物品仓库等有较为广泛的应用。基于 Wi-Fi 的温室环境监测和农业环境研究逐渐起步,但在仓储方面的应用实例较少。将无线传感器网络应用于仓储环境监测中,对仓储环境的关键参数进行实时监控,从而保证对该参数比较敏感的货物能在适宜的环境中保存,避免不必要的损失。但目前仓储环境监控系统研究涉及仓储环境监控参数依然较少,且对于感知信息处理,基本上都是将采集的环境信息上传至上位机进行数据分析处理,当监测节点较多时,系统中通信量很大,不能保证监测的准确性和有效性。

2.4 环境监控的发展与展望

2.4.1 环境监控的发展

仓储环境监控的历史比较短,但是环境监控却早已有之,两者的发展过程有一定的相似性。环境监控能够为环境保护相关决策提供科学的依据,是环境保护的基础,其发展主要经历了以下几个阶段:

1)被动监测阶段。20 世纪 50 年代开始才有环境科学。以前危害较大的、能够引起人们关注的环境破坏事件主要由化学物品造成,人们于是就开始了对环境样品进行化学分析,从而确定其组成和含量。这一阶段主要是对环境进行化学分析，可称之为被动监测阶段，此时初见环境监控的雏形。

2）主动监测或目的监测阶段。到了20世纪70年代，人们逐渐认识到不仅仅是化学物品影响环境质量，还有物理因素也是影响环境的重要方面。于是人们开始用动植物的受害症状、群落、生态等变化来判断环境质量，采用这些标准进行判断更为准确可靠。此时环境监测的手段不再只是化学手段，还有物理手段、生物手段等。而且不再仅仅是针对点的监测，还有针对面及区域性的监测。这一阶段可以称为主动监测或目的监测阶段。

3）自动监控阶段。虽然监测手段的增多和监测范围的扩大能够说明区域性的环境质量，但由于受采样手段、采样数量、采样频率、数据处理速度、分析速度等限制，主动监测或目的监测仍然不能及时地监测环境质量变化和预测变化趋势。到了20世纪80年代初，自动连续监控系统在发达国家相继建立起来。这种系统用计算机遥控监测仪器，通过有线或无线的传输方式将监测仪器采集的数据传送到监测中心的计算机，经过处理可打印成需要的表格，画出变化趋势图、浓度分布图等。这个阶段的监控系统在短期内可以观察到环境变化（如空气质量、水体污染程度等）并预测未来环境质量。当数据接近或超过相应标准时，管理人员能够及时采取相关措施进行处理。这一阶段称为自动监控阶段。

仓储环境的监控技术手段，还有相当一部分比较落后。目前所采用的主要方法有人工定点巡检、有线连续在线监控及无线连续在线监控等。如今仓储规模不断扩大，自动化水平不断提高，仓储环境监控的应用范围逐渐扩大。因此配备先进的环境监控系统是仓储规模化和自动化进程的必然要求，也是实现仓储安全管理的基本保证。

2.4.2 环境监控的展望

基于智能传感器网络的分布式仓储环境监控系统可以减少大量的人工操作，提高监测结果的准确性，大大提高工作效率。无线传感网络技术能够实时准确地采集和传输相关环境参数，有效弥补现有仓储环境监控系统的不足，具有很高的应用价值。Wi-Fi 具有数据传输速率高、抗干扰能力强的特点，用在恶劣的工业现场环境中有明显的优势；但节点依靠电池供电，Wi-Fi 技术下节点能耗较大，如何在不影响感知精度的情况下，降低节点功耗仍需要进一步研究。Zigbee 技术具有节点能耗小、安装维护简单且成本低等优势；但数据传输可靠性较低。人们在如何提高可靠性以保证监测的精准性方面将会更加深入地研究。基于 Wi-Fi 和 Zigbee 技术的仓储环境监控系统依旧是该领域的一个研究热点，应用前景广泛。

由于不同货物对环境参数的敏感度不同，其安全存储需要的环境条件也不尽相同。基于现有仓储环境监控技术水平，应用无线传感器网络技术，研制开发具有感知和传送多参数能力的无线传感器网络节点设备，是设计实现具有多空间多参数监测能力的仓储环境监控系统的关键。另外，合理地部署传感器节点，能有效利用有限资源，最大限度地降低能耗，提高监测信息的准确性、完整性和实效性，同时也是实际应用中首先需要解决的问题。此外，在大型仓储系统中，可对确定的空间进行有限元划分，采用合适的优化算法，确定最优节点数目和分布。

我国仓储行业目前依然面临很多的问题，比如仓储的数量众多，且缺乏现代化的智能管理技术。在仓储安全监控方面，大多数仓储环境监控系统都没有深入地采用现代化的设备和技术。因此未来仓储环境监控系统需要朝着网络化、智能化和模块化的方向发展。仓储环境智能监控系统需要达到对仓储环境的远程化、智能化、高效化和通信网络化的要求。利用现代化的科技手段大大简化传统仓储在环境监控和通信等方面的工作。智能仓储环境监控系统能够最大限度地提高仓储的安全监控和仓储管理能力，有利于保障工作人员的生命和财产安全。

2.5 总结

基于网络通信技术和无线传感器网络技术等各种先进技术实现的智能仓储监控系统，是未来仓储环境监控应用的重点。对仓储监控区域内众多传感器节点的网络化数据进行接收和处理，提取仓储作业需求的信息，将其用于管控一体化作业中，是实现高效、安全仓储管理的目标。

智能传感器技术、计算机网络系统、数据分析技术将在仓储环境监控系统中发挥重要作用。基于无线传感网络技术的监控系统，以其高效、快捷、低廉的特点在实际开发项目中越来越多地被采用，仓储环境监控的应用范围也必将更加广泛。将现代化技术和前沿的科技应用到仓储环境智能监控系统中，不但能使仓储环境监控达到智能化、网络化的目的，而且对推动物流行业仓储管理的现代化，具有重要的意义。

第 3 章　传感器与信息融合

传感器是信息系统与控制系统的源头，在客观对象的检测、监测、分析、定位、跟踪、控制及健康管理等系统中，传感器是不可缺少的，是决定系统性能的重要部件。微电子技术的发展，推动了 PCB 板载微功耗传感器的发展和应用，其中集成传感器和电化学传感器具有代表性。在仓储环境监测中，使用集成传感器和电化学传感器，可以简化监控装置的硬件设计，快速构建具有计算和通信功能的监控设备。本章主要介绍智能传感器的一般结构、功能和传感器信息融合。

3.1　集成一体化传感器

3.1.1　集成一体化传感器概述

集成一体化传感器是利用集成电路工艺（镀膜、掩膜、腐蚀等）将半导体敏感元件及测量处理电路集成在一个芯片上的传感器。半导体敏感元件是基于半导体材料和 P-N 结的物理效应将被测的非电学量转换成电学量。集成一体化传感器具有体积小、质量小、高精度、高频响等优点，且可做到高可靠、长寿命、低功耗、低成本，是一代新型传感器。目前，集成一体化传感器已广泛用于工业、农业、国防和航空航天等领域。

新一代的集成一体化传感器，更多地设计成低功耗 PCB 板载多功能传感器，集成了信号变换、归一化处理、校准及线性化处理等功能，同时提供了各种与其他设备的连接和通信接口。

3.1.2 常用集成一体化传感器

目前在实际中使用的集成一体化传感器种类有几百种之多，而且还在不断增加。在环境监测和设备监测领域，最常用的 PCB 板载集成一体化传感器也有几十种。本书涉及的集成一体化传感器有如下 4 种：

1) 温湿度传感器 SHT11、SHT31。
2) 大气压力传感器 MS5611-01BA、MS5803。
3) 光照度传感器 BH1750FVI、TSL256X。
4) 三轴加速度传感器 ADXL345、ADXL355。

3.2 电化学传感器

3.2.1 电化学传感器概述

电化学传感器是化学传感器的一种，是现代化学分析测定中的一类特殊传感器。其主要是利用污染物质在电极表面发生电化学反应，再通过特定的换能器将这种感知信息转换成可识别的、与目标物质浓度变化成比例的电信号，从而达到定性或定量地分析检测目标物质的一种仪器设备。目前电化学传感器主要应用在对土壤环境、水体环境中金属离子的检测，以及对大气环境中二氧化硫、二氧化氮等气体的检测等。

电化学传感器由敏感电极（或工作电极）和参比电极构成。这些电极的放置通常需要与液态或者固态电解质接触。在温度低于 140℃ 时，电化学传感器可以测量 pH 值、电导率、溶解性离子和溶解性气体；当温度高于 500℃ 时，通常采用固态电解质传感器，可测量废气和熔融态金属。

电化学传感器具有功耗低、灵敏度高、准确度高、可降低表面污染的影响等许多优点。但是，该类传感器的灵敏度、选择性和稳定性容易受到环境因素的影响，尤其是温度。环境因素也极大地影响了传感器的使用寿命，例如当传感器处于高温和干燥环境下时，其使用寿命会缩短。对于气体传感器，目标气体与其他气体的交叉敏感也是一个大重要问题。

3.2.2 英国CITY电化学传感器

英国CITY公司于1977年在英国伦敦的城市大学成立，该公司是世界领先的气体传感器制造商。CITY公司通过技术革新不断提高气体检测质量，目前已经拥有针对29类气体的超过300款的气体传感器。

CITY公司电化学气体传感器主要应用在工业安全、排放监测、汽车、医疗及家庭安全五大领域。

1. 工业安全

CITY公司在工业安全应用方面主要使用固定式或便携式气体监测器，用于工业卫生。能够检测的气体包括丙烯氰、一氧化氮、一氧化碳、三氢化砷、乙烯氧化物、乙硼烷、二氧化氮、二氧化硫、二氧化碳、光气、四氢噻吩、氟化氢、氟气、氢化物、氢气、氧气、氨气、氯化氢/溴化氢、氯气、氰化氢、环氧乙烷、甲烷、硅烷/锗烷、硒化氢、硫化氢、硫醇、磷化氢、联氨及臭氧。其电化学传感器可用于高浓度毒气环境下的工业安全监测，在环境不安全或发生任何有风险的浓度变化时，传感器就会向用户及时发出浓度警告。

2. 排放监测

CITY公司的排放监测气体传感器主要用于测量烟道中的毒气排放和氧含量等，能够检测的气体包括一氧化氮、一氧化碳、二氧化氮、二氧化硫、氧气、硫化氢及臭氧。在民用环境下，可以用来监测供暖系统的燃烧效率。在工业应用中，可用于监测锅炉、焚烧炉和加热炉的燃烧过程以及气体排放累积量。

3. 汽车

CITY 公司在汽车应用方面使用传感器进行汽车排放尾气分析，能够检测的气体包括一氧化氮、一氧化碳、二氧化氮、二氧化硫、二氧化碳、氢气、氧气、氨气、氯气及硫化氢。CITY 公司的高性能电化学传感器广泛应用于废气监测设备，以确保汽车尾气的污染物排放达到相关立法的标准。

4. 医疗

CITY 公司用于医疗检测方面的气体传感器能够检测的气体包括一氧化氮、一氧化碳、二氧化氮、氢气、氧气及氨气。CITY 公司的气体传感器广泛用于医疗保健行业，如用于监测呼吸机和保育箱中麻醉气体的氧气浓度、肺功能测试时一氧化碳气体浓度，以及氮氧疗法戒烟疗程中一氧化氮和二氧化氮气体浓度的监测。

5. 家庭安全

CITY 公司目前只有一款一氧化碳气体检测传感器用于家庭安全气体检测，它是四系双电极电化学气体传感器，使用寿命很长，专为家庭住宅火灾探测和通风控制等应用场景设计，并通过了美国保险商实验所（UL）的认证。

3.3 智能传感器

3.3.1 智能传感器概述

智能传感器的定义最初是由美国宇航局（NASA）在开发宇宙飞船的过程中形成的。宇航员的生活环境中需要用到气压、温度、微量气体和空气成分传感器，宇航飞船需要加速度、姿态、速度、位置等传感器，科学观测也需要用到大量各类传感器。宇宙飞船观测到的各种数据量是庞大的，处理这些数据需要用超大型计算机。为了不丢失数据，也为了降低成本，必须有能实现计算机与传感器一体化的小型传感器，将数据处理由集中处理变为分散处理，从而避免使用超大型计算机，由此产生了智能传感器。它是一种带微处理器的，兼有信息检测、信息处理、信息记忆、逻辑思维与判断功能的传感器。

3.3.2 智能传感器的结构

智能传感器由硬件和软件组成，硬件主要包括基本传感器和信息处理单元。基本传感器是智能传感器的基础，其性能决定了智能传感器的性能。信息处理单元包括微处理器、信号调理电路等，微处理器是智能传感器的核心，信息处理单元是智能传感器区别于传统传感器的核心单元。传感器经敏感元件感知被测量，并将其转换为电信号，信号调理电路对电信号进行放大、滤波、D/A 转换等处理后送入微处理器。微处理器对数据进行计算、存储等处理，并经反馈回路对传感器进行调节补偿。软件不仅可处理传感器传送的数据，增强传感器功能，也可管理和调节信息检测过程。

智能传感器的结构可以是集成的，也可以是分离式，按结构可以分为模块式、混合式和集成式三种形式。

初级的智能传感器由许多相互独立的模块组成，如将微计算机、信号调理电路模块、输出电路模块、显示电路模块和传感器装配在同一壳体内，体积较大，但在目前的技术水平下，仍不失为一种实用的结构形式；将传感器和微处理器、信号处理电路装置在不同的芯片上，则构成混合式的智能传感器；集成智能传感器是将一个或多个敏感元件与微处理器、信号处理电路集成在同一硅片上，集成度高、体积小，这种传感器在目前的技术水平下还很难实现。

3.3.3 智能传感器的主要功能

智能传感器主要有如下七个功能：
1）具有自校零、自标定和自校正功能。
2）具有自动补偿功能。
3）能够自动采集数据，并对数据进行预处理。
4）能够自动进行检验、自选量程和自寻故障。
5）具有数据存储、记忆与信息处理功能。
6）具有双向通信、标准化数字输出或者符号输出功能。
7）具有判断和决策处理功能。

3.3.4 智能传感器的特点

智能传感器带有微处理器，有一定的信息处理及逻辑判断功能，具有以下五个特点：

1）精度高。智能传感器有多项功能来保证它的高精度，例如通过自校零去除零点，与标准参考基准实时对比，以自动进行整体系统标定；自动进行整体系统的非线性等系统误差的校正；通过采集的大量数据的统计处理以消除偶然误差的影响，从而保证了智能传感器的高精度。

2）高可靠性与高稳定性。智能传感器能自动补偿因工作条件和环境参数发生变化后引起的系统特性的漂移。例如，因温度变化而产生的零点和灵敏度漂移；当被测参数变化后能够自动改换量程；能实时自动进行系统的自我检验、分析和判断所采集到的数据的合理性，并给出异常情况的应急处理（报警或故障提示）。因此，智能传感器有多项功能保证了它的高可靠性与高稳定性。

3）高信噪比与高分辨力。智能传感器具有数据存储、记忆与信息处理功能，通过软件进行数字滤波、相关分析等处理，可以去除输入数据中的噪声，将有用信号提取出来；通过数据融合、神经网络技术，可以消除多参数状态下交叉灵敏度的影响，从而保证在多参数状态下对待定参数的分辨能力，故具有高的信噪比与分辨力。

4）低功耗和适当传送速率。由于智能传感器具有判断、分析与处理功能，它能根据系统工作情况决策各部分的供电情况及与高/上位计算机的数据传送速率，从而使其工作在最优低功耗状态和优化传送速率。

5）高性价比。智能传感器所具有的上述高性能，不像传统传感器技术那样通过追求传感器本身的完善、对传感器的各个环节进行精心设计与调试、进行"手工艺品"式的精雕细琢来获得，而是通过与微处理器/微计算机相结合，采用廉价的集成电路工艺和芯片以强大的软件来实现的，所以具有高性价比。

3.3.5 智能传感器的应用

根据功能不同，智能传感器可感知的物理量有：物体的位移、速度、加速度等运动量；压力、温湿度等过程量；波长、光强等光特性量；浓度、流量等液体特性量。目前，智能传感器已广泛应用于航空航天、汽车、气体分析和通信等领域。

1. 在航空航天领域的应用

飞机、卫星和火箭都用高精度的导航仪来控制其飞行姿态，传感器在很大程度上决定了导航仪的功能及精度，而传感器在设计使用过程中因环境恶劣影响精度，因此需要对传感器进行实时监测。例如 NASA 利用智能传感器网络技术检查火箭、燃料箱、乘员舱等健康状况，其工作原理是，传感器产生电磁波后在结构部件中进行传播，然后被其他传感器接收，最后传输数据到计算机后进行数据处理、分析，以此实现结构健康监测。

2. 在汽车领域的应用

在汽车领域中，智能传感器已被广泛使用，有基本的温度传感器、压力传感器、加速度传感器以及用来进行车距探测、车道跟踪、卫星定位的智能传感器。比如,汽车的动力系统中有智能微加速度传感器和智能硅压力传感器,智能微加速度传感器用来汽车自动制动和悬挂,智能硅压力传感器用来测量、控制压力;契合的安全行驶系统中有轮胎压力传感器和安全气囊传感器,轮胎压力传感器用来测量电压、温度和压力,安全气囊传感器用来监测气囊使用情况;智能交通系统中有用于电子收费的多种智能传感器。

3. 在气体分析方面的应用

智能传感器已成功应用于气体分析方面,来实现环境监测。2010年,DARPA微系统技术研讨会上提出了一种能监测270多种分析物和干扰物的微气体分析仪,通过此分析仪不仅可远程监测气体的化学成分,而且可搭建边境预警传感器网络。该仪器的能耗非常低,每次分析能耗仅为2.6J。据报道,美国密歇根大学研究人员正在研发一种便携式可调节的二维微型气体色谱仪,它能通过患者呼吸来诊断病情。

4. 在通信方面的应用

智能传感器采用可支持以太网和多种现场总线的IEEE 1415系列标准作为通用的通信标准,IEEE 1415系列标准为连接智能传感器和网络提供了便利。例如将IEEE 1415与射频技术结合,使用射频芯片、振动传感器和温度传感器设计出基于单片机的无线智能传感器。

3.3.6 智能传感器的技术发展趋势

智能传感器包括敏感元件、信号处理电路和通信接口三个基本部分。它们所涉及的基本技术发展很快,因此智能传感器的性能将迅猛发展,它们的功能和互联性能会显著增强,同时系统成本又会显著降低。

1. 随着微处理技术而发展

摩尔定律指出微处理器的运算能力大约每两年就会提高一倍。对于嵌入式微处理器系统,除了运算原始数据外,功耗、物理尺寸以及开放的硬件和软件架构都是重要因素。在某些应用中,它们可能比处理能力更重要。

2. 随着通信技术而发展

电路技术对通信技术的促进作用简直令人难以置信,这些技术的发展对智能传感器未来的影响一样重要。例如 Zigbee 协议就特别适合于低功耗、低数据传输速率的应用,它可以在电池供电的条件下工作数年。在这些应用中,通信的间隔和频率都有所限制,以降低功耗。而其他协议,如流行的用于无线局域网(LAN)的 802.11x 协议,则支持连续通信,并且可以用于实时监视和控制的应用中。Zigbee 和 802.11x 协议在地理范围上都有所限制。而另一极端的情况则是无线通信,它采用了蜂窝调制解调器或者其他能够连接全球设备的技术。可以预见,无线通信技术的应用会更加宽广,它的基础设施成本会更低,安装更方便,并且可用性更好。

通信技术的发展会推动智能传感器应用的显著增长。特别是微尘型和其他的小型传感器,它们将采用无线通信方式,构成 Ad-Hoc(自组织分组无线网络)传感器网络,这种网络可以自动组网、无人干涉,并能快速部署。大尺寸的传感器系统尽管采用有线通信连接,但是它们更多地采用高速网络标准,以便收集、散播和存储系统产生的大量信息。

随着支持访问因特网的各种设备(如手机、PDA、笔记本计算机等)不断涌现,智能传感器与因特网的连接技术也随之同步发展,很多应用都会从这种通信提供的控制中受益。

3. 功耗越来越低

在很多情况下,系统功耗是延长便携式或者远程应用中电池寿命的关键因素,并且减小功耗还能降低恼人的自发热问题。当芯片的某部分无需工作时,可以关闭它们或者降低芯片的时钟频率,从而能显著地降低功耗。对于只采用电池供电的系统这样处理极为重要,它可以使系统用一套电池供电就能工作数周、数月,甚至数年。

目前,微处理器和传感器信号的调理电路的功耗还将显著下降,并且未来这种趋势的发展很快，因为移动设备要求电池的使用寿命越来越长。

为了降低系统功耗，不得不将芯片供电电压降低到 3.3 V，甚至更低。这样反过来会严重影响系统，特别是模拟信号链的性能。降低电压后，会显著增加模拟信号链相对电源电压跨度噪声。例如如果在电源电压为 5 V 时，模拟信号的噪声为 10 mV，那么噪声等级即为 2%。但是同样的 10 mV 噪声在电源电压跨距为 2.5 V 时就会产生 4% 的噪声等级。如果处理不当，就会导致严重错误。当激励电压源不得不在电气噪声环境下连线很长时，这种影响还会更为严重。

降低工作电压的另一个负面影响是，它们总是和老式的 5 V 甚至更高工作电压的系统相接。尽管不是绝对做不到，但是将新式的低电压系统与老式的高电压系统相连时，通常需要可靠的电平转换电路。尽管新型器件的 I/O 端口通常能够承受 5 V 电压，但是低电压器件的输出信号却可能不足以驱动 5 V 系统的输入，产生逻辑高电平信号。这个问题会随着越来越多的系统采用低电压供电而淡化，但是在目前阶段的设计中还必须考虑它。

4. 尺寸不断减小

智能传感器系统在功耗需求降低的同时，系统的尺寸还会更加精简。目前，小型化、电池供电的传感器系统已经占据了美国传感器市场的 1/4，但是未来的系统还会更小。所谓的微尘传感器（Mote），是一种完全自给的设备，具有片上式无线电连接器，从而可以构成 Ad-Hoc 通信网络，并与网络内的其他微尘传感器或者主机交换数据。

这种小型化带来了许多封装和操作上的问题，特别是难以在如此微小的空间内放置一个能维持系统长期工作的电源。

5. 传感器微系统化

随着微传感器技术的发展，原来在传统技术上依赖于复杂仪器检测或监测的参数，会越来越多地通过基于 MEMS/MOEMS 技术的智能传感器来实现。例如在化学分析领域，传感器的发展使得灵敏度明显提高。随着灵敏度的提高，设计师就能创建出尺寸更小、功耗更低的系统，并且为获得精确读数所需的分析物质也更少。

微射流传感器用于控制和分析极微量的液体。被测液体的体积通常是微升甚至纳升级。该传感器已应用于喷墨打印机和便携式血液检测设备等场合，特别是数字微射流组件，可以精确操作一滴液体的一部分，从而可以用于化验液体的化学组成或者执行其他有用的任务。

可靠处理微量物质的能力取决于系统准确测量液滴的重要参数的能力。因此，系统能否精确地测量和控制物质及其必经通道的压力和温度就显得尤为关键。如果无法保证合适的条件，就会严重影响微射流系统的性能。如果具备所需的环境，就会获得很大的收获，可使必测的物质数量减少数个量级，且只需几分钟就能报告检测结果；此外，还能提高系统的便携性并降低成本。

3.4 传感器的信息融合

仓储环境监控是由多种传感器共同完成对目标监测区域的感知、信息采集和监控等任务。采用信息融合技术不但可以节省信息传输的能量损耗，还能提高数据采集的效率、减少信息的冗余，同时确保了仓储环境信息的准确度和可信度。

3.4.1 信息融合技术的概念及原理

信息融合是 20 世纪 70 年代出现的一个跨领域学科，当时称为数据融合。"数据融合"一词是美国于 1973 年提出的，当时在美国国防部资助下进行声呐信号理解研究，即对多个独立连续信号进行融合，以检测某一海域中的潜艇。随着信息源从单类传感器扩展到多类介质和技术手段，数据融合演变为信息融合，应用领域也扩展到现实世界各领域。1985 年，美国实验室理事联合会（JDL）提出信息融合，定义如下：将来自单一的和多源的信息和数据进行关联和综合分析处理，用来完成对目标的位置和身份的精确估计，并且对目标对象的态势、威胁及其重要性进行完整性和即时性的评估。

人是通过身体中存在的听觉、味觉、触觉等多个器官来获得外界的感知信息，并能够出于本能将获得的信息与先验知识进行综合，从而得到对外界的环境的准确评估。信息融合的本质与对人类大脑综合各种外界信息功能相仿。多传感器信息融合的过程就是将多传感器获取的多种信息进行多级别、多层次、全方位的综合处理，消除冗余数据，关联、估计和组合来自多个节点的数据，以此来获取更有效信息的过程。通过对信息的多层级处理，能够得到比单一传感器更完整且可靠的信息，提升了对描述对象的表述精度。

3.4.2 信息融合分类

信息融合的分类标准有很多，目前受认可度最高的是，根据信息处理对象的层次将数据融合分为数据层、特征层和决策层三层次的融合结构。

数据层融合是最低层次的融合，它将全部传感器获得的观测数据在经过很少处理甚至不经过处理而直接进行的融合，从融合数据中提取特征矢量，然后进行判断识别，如图 3-1 所示。这个过程的融合需要的传感器是同一类的，主要应用在目标检测、滤波、跟踪和定位等底层数据融合。该层次的融合优点是基本保留了全部的原始数据，信息损失量特别低，含有特征层和决策层上所没有的细节信息；但缺点是信息处理量大，需要通信带宽很大，融合消耗大且处理的实时性差，融合水平较低。另外，数据层融合无法处理多个不同类型传感器获取的信息，一旦需要融合的信息由多种类型传感器获取，它就要面临一大难题，即数据的配准。因此，数据层融合虽能得到较其他两

图 3-1 数据层融合

层更为准确的结果，但是大部分情况下它只依赖传感器类型，不能最大化地满足用户需求。

特征层融合属于中间层次的融合，它是将原始数据进行特征信息提取以获得一个特征矢量，通过这些特征矢量的融合进行身份判定，如图 3-2 所示。在数据融合结构中，特征层融合既能适用于中央级，又能适用于传感器级。该层级的融合特点是，对原始数据进行了信息压缩有利于动态处理，该层次提取的特征信息与决策分析相关，因此融合结果给决策层的分析带来了尽可能全面的特征信息。相比较数据层融合，该层次的信息处理量减少，需要通信带宽和融合消耗也降低，融合水平提高。虽然会造成一定的信息丢失，但是能增加某些重要特征的准确性，也可以产生新的组合特征，具有较大的灵活性。

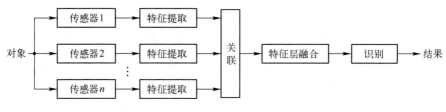

图 3-2　特征层融合

决策层融合属于最高层次的融合，每个传感器执行一个对目标的识别过程，基于自身所获得的数据进行处理并做出局部决策，然后在融合中心将来自不同传感器的局部决策结果进行融合，从而得出最终结果，如图 3-3 所示。决策层融合是在经过特征层融合之后，对被测对象进行分类判别，从而获取判决信息。通常情况下，各个传感器单独做出局部判决以后，将局部判决信息传送至融合中心，并在此处做出最后决策。较其他两层，决策层信息数据量小，且计算量也小，因而对通信宽带的要求降低，节约能源。

综上所述，三个层次的信息融合各有特点：数据层融合信息损失最小，准确性最高，但计算量大，对资源的要求比较高；决策层融合处理速度快，融合水平高，但要以一定的信息损失为代价；特征层融合介于数据层融合和决策层融合之间，较好地保留了融合的速度与精度，这三层融合的特点见表 3-1。

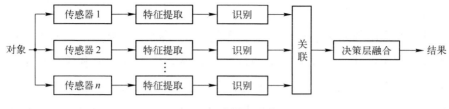

图 3-3　决策层融合

表 3-1　三层融合的特点比较

融合层级	实时性	容错性	通信量	抗干扰性	精度	计算量	信息损失	融合水平
数据层	差	差	大	弱	高	大	小	低
特征层	中	中	中	中	中	中	中	中
决策层	好	好	小	强	低	小	大	高

3.4.3　信息融合方法

针对多传感器系统而言，观测信息具有复杂性和多变性，因此选取合适的算法对信息进行融合，获取关于被测目标全面准确的一致性描述显得极为重要。在传感器技术不断更新的带动下，信息融合的方法也层出不穷，这些方法大致可分为两类：经典算法和现代算法。

1. 经典信息融合算法

经典信息融合算法主要是由经典数学方法衍生出的一类融合算法。该类算法主要包括加权平均算法、贝叶斯（Bayes）准则法、卡尔曼（Kalman）滤波法和 D-S 证据推理等方法。

（1）加权平均算法

加权平均算法是所有有关信息融合算法中最简单方便的一种算法，它是将传感器采集到的信息按照信息的不同精度赋予相应权值，将传感器数据乘以对应的数据权值，得出融合结果进而进行融合判断。该方法是在原始数据上进行处理，直观且简单，但是对于不同传感器的加权系数的赋予常带有主观性，因此融合精度不高。

（2）贝叶斯准则法

贝叶斯准则的原理是将不同信息源提供的不确定性数据依据概率原则进行组合，利用贝叶斯公式对数据进行处理。该方法不仅充分利用了样本所提供的信息，而且对先验知识进行了充分利用，具有易于理解的数学理论基础，计算量比较小、实用灵活，但贝叶斯准则法要求所有数据的概率都必须相对独立，需要先给出先验概率成立的条件，这在实际情况中很难实现，并且对广义的不确定问题无法进行有效处理。

（3）卡尔曼滤波

卡尔曼滤波法是利用测量模型的统计特性进行线性递推的滤波方法，对统计意义下的最优融合进行估计，它主要应用在低层次的实时动态的传感器信息融合。该方法在融合的过程中不需要大量的存储和计算，实现了实时处理，在目标跟踪领域应用广泛。它的缺点是不能有效处理信息冗余问题，当冗余信息出现时其计算复杂度会大大增加，降低系统的可靠性。

（4）D-S 证据推理

D-S（Dempster-Shafer）证据推理是广义的贝叶斯理论，贝叶斯方法是在已知先验概率的基础上进行的，具有局限性，而 D-S 证据推理巧妙地解决了这一难题，该方法引入了信任函数，可以在没有任何先验信息的基础上对不确定信息进行有效处理，是不确定情况下进行推理判断的有效方法，弥补了贝叶斯方法的不足。

2. 现代信息融合算法

随着信息化和人工智能技术的不断发展，现代信息融合算法应运而生，目前得到广泛应用的现代信息融合算法主要包括聚类分析法、粗糙集理论、模糊理论和人工神经网络法等方法。

（1）聚类分析法

聚类分析方法是指在一定的条件下，根据目标之间的相似度，在保证聚类质量的准则函数为最大的准则下，将物理或抽象对象的集合划分为若干个子集的过程。基于聚类分析法的信息融合是在衡量来自传感器的异源数据之间相似度的基础上，将采集到的数据进行分组。该方法对分析观测数据和属性说明等方面的问题具有重要作用。

（2）粗糙集理论

粗糙集是一种在不需要先验知识的情况下，对残缺的、不准确的以及不一致的信息进行有效的数据分析和处理的理论。该方法能在处理信息的过程中发现隐含信息，从而得到不完整信息之间的潜在规律，广泛应用在无法获取完整信息以及无法准确获取信息之间潜在规律的一些信息融合领域，但该方法没有理论基础，且高效的融合算法还有待研究。

（3）模糊理论

模糊理论是指在数学运算中引入不确定性知识和边界的定义，运用模糊关联记忆，对某一研究对象属于某一集合的隶属度用$[0,1]$之间数值表示。将信息融合中的不确定性直接表示在系统化建模推理的过程中。模糊理论对信息的表示和处理接近人类的思维方式，适合高层次的融合过程，但在推理过程中很难获得模糊规则和确定的隶属度函数，具有一定的主观性。

（4）人工神经网络

人工神经网络模拟人脑处理机制，由多个人工神经元连接而成，具有很强的自适应、自学习、自组织和非线性处理能力，可对经过特征提取后的多传感器信息进行判断。神经网络具有很强的并行处理能力和容错性，并且有记忆功能，适合处理一般方法难以解决的问题。但是，该方法类似于"黑箱"，很难对结果做出解释，而且训练需要大量的数据，计算量比较大。

目前信息融合算法的种类繁多，但大多数算法的提出是针对特定的问题，在其特定领域融合效果较好，各个融合技术之间也存在一定的互补性，并没有一个适合任意情况的算法，通常在实际应用中，根据研究对象的需要来选择合适的算法，有时会将几种融合技术组合来得到最佳融合效果。

3.4.4 多传感器的信息融合方式

信息的获取类型依据传感器类型的不同而不同，因此其数据融合的方式也存在不同，主要采用冗余信息融合和互补信息融合两种方式。

1. 冗余信息融合

冗余信息是指用一组传感器测量或者由一个传感器多次测量所得到的单一环境参数的信息。如对小麦存储环境的温度进行检测时，可在仓库内放置多个温度传感器，通过各温度传感器的输出信息就是关于小麦仓库的冗余信息。冗余信息的优点在于：

1) 由于单个冗余信息的可信度具有差异，通过将冗余信息进行融合处理的方式可以增强确定性，从而提升关于小麦仓储环境特征的表述精度。

2) 由单个传感器监测的环境信息可能会存在错误，有时甚至失效，而冗余信息的融合可有效获取环境中待测环境的监测数据，提高了监测的准确性和可靠性。

在对各传感器的冗余信息进行融合处理的过程中，可能会出现以下情况：监测同一环境的传感器得到的参数信息是矛盾的。因此要注意传感器冲突现象的发生。同时，要注意对监测的数据进行一致性检验，即当多个传感器监测同一环境参数的信息时，要确保这些传感器所获取的信息都是描述该环境参数的。

2. 互补信息融合

一方面，通过单一的传感器所采集的环境信息难以保证信息的稳定性和完整性；另一方面，获取的信息因受到传感器物理结构以及监测时间、空间等众多因素的限制，因而仅采用单独的传感器设备很难获得监测对象的全局信息，需要通过在监测区域中布置多个不同的或者互补的传感器来进行监测。

互补信息指的是采用两个或者多个相互独立的传感器，针对相同环境中的不同特征进行描述时给出的相互独立的信息，从而给出关于被监测环境的更为全面、完整的科学描述。多传感器系统往往能够感知到单一传感器难以获得的对象和环境特征，将多传感器获取的参数信息进行融合，有利于更加全面地了解监测环境的状况，提高监测精度。

3.4.5 信息融合的应用

1. 信息融合在民用领域的应用

例如在医疗领域，通过对各种探测设备、检查化验手段，以及医生直觉观察获取的多类病症状定量和定性信息进行融合，判断和识别出患者病症类型、程度与部位，从而采取有效的治疗方法；在工业控制领域，采用多种监控技术手段，采集重大部门（如核电站、运油船等）系统工作状态和故障症状（如核泄漏、原油污染等）信息，经信息融合进行故障类型判断和故障定位，以及时维护和排除故障，提高系统的可靠性；在机器人控制领域，机器人上装置的多类传感器采集到视觉、触觉、距离等环境信息后，需经信息融合才能判断障碍物，计算状态参数，自主控制机器人的相应动作，快速准确地完成确定操作和运动功能；在城市交通控制领域，通过红外、光学图像传感器和压力/振动传感器采集路口附近车辆数量及型号、速度、方向等状态参数，经融合处理后获得实时、准确的路口交通状态及环境信息，以及时、准确地控制该路口的红绿灯；在空中航行管理领域，可以通过多雷达对空中航路和机场上空目标探测信息与飞机报告的定位信息的融合，产生实时、准确的相应航路和空域中目标态势信息，实现对目标的偏航控制和冲突检测，以及目标起降控制，从而保障飞行安全。

2. 信息融合在军事上的应用

信息融合军事应用初期，其信息形式主要是来自探测/侦察传感器的数据，如雷达、声呐、无源传感器等，主要是对同类传感器数据的融合，以实现对战场单一目标的定位、识别与跟踪。随着作战应用需求扩展到完整、及时的态势估计与威胁估计功能，必须引入除实时传感器之外的信息源，如技侦、部侦、人工情报、开源文档等准实时和中长期情报等；探测平台扩展到天基、空基、海基和陆基移动平台，探测手段也从电磁（微波/天波/地波雷达/SAR/无源 ESM 等）扩展到红外、多光谱、光电、激光、水声、振动等多种介质；由于探测传感器和获取手段的自主处理能力增强，基本上已可实现从数据到定量定性信息的转换，直到可局部定位、识别和跟踪目标。

3.4.6 传感器信息融合的优势

多传感器信息融合对不同形式的信息进行估计、校正、分析，实时处理海量信息，通过对信息的优化组合导出更有效的信息，为多传感器系统准确反映实际情况提供了可能。传感器信息融合较单个传感器的优势可归纳为以下几点：

1) 降低了系统的不确定性。虽然是一组比较相似或相同的传感器采集同一数据，但这种冗余信息的适当融合可以在总体上降低信息的不确定性，从而提高了测量数据的精确性和稳健性。

2) 增强了系统的生存能力。例如，当系统中的一个或多个传感器出现故障时，系统仍然可以通过其他传感器获取信息，从而保障系统正常工作。

3) 提高了系统的时效性。在传感器数量相同的情况下，多传感器信息融合由于采用了并行结构与分布式系统并行算法，相比于单个传感器分别处理而言，可以显著提高系统信息处理的速度。

4) 提高了系统对环境的描述能力。多传感器信息融合可以获得更全面、更准确的周围环境信息，弥补单一传感器获取信息的不确定性和片面性。不同类型的传感器有自己独特的环境描述能力，可以描述环境中的多个不同特征，利用这些信息互补，进行融合，可以为系统提供更准确的决策信息。

5) 提高了系统的可信度。多个传感器对同一事件或目标加以确认，提高了系统的可信度。

6) 降低系统成本。信息融合提高了信息的利用效率，可以用多个廉价传感器获得与单个昂贵传感器相同甚至更好的性能，大大降低了系统成本。

3.5 总结

PCB 板载微功耗集成传感器和电化学传感器具有优异性能，因此将得到快速发展和广泛应用。将集成传感器和电化学传感器用于仓储环境监控，可以快速解决过去工程中的许多技术难题。集成传感器和电化学传感器与微处理器结合，将产生许多智能传感器。研究和开发需求引导的工程产品，首先需要规范的具有普遍适应性的智能传感器架构。

由混杂气体检测引出的传感器交叉敏感问题，以及特种气体检测需求引出的工程问题，需要采用信息融合技术加以解决。多传感器信息融合可对不同信息源、不同形式的信息进行估计、校正、分析，实时处理海量信息，所得融合值可更准确地反映实际情况，以便做出更合理、更科学的评估。

第4章 智能监控装置设计

本章总结适用于仓储环境监控装置的技术需求,给出一种多参数多用途智能监控装置的设计思想和方法。智能监控装置是仓储环境监控系统中最重要的组成部分。为了满足仓储监控个性化需求,基于硬件复用的设计思想开发核心模块,使用技术成熟的联网和通信技术,可以构建灵活配置的硬件系统。本章最后列举几种基于核心模块的智能监控装置。

4.1 需求分析与设计思路

4.1.1 仓储环境特性

仓储是现代物流的重要组成部分,是货物存放与周转的中心。仓储空气质量的优劣,直接影响货物的品质和寿命,影响仓储作业人员的身体健康。因此,仓储空气质量监控具有十分重要的意义。

仓储系统一般是封闭或半封闭的物理空间,其中的空气受仓储周边环境和存储货物的物理化学变化释放各类气体的影响,是包含各类有毒、有害气体的混杂气体,如包括 O_2、NO、NO_2、SO_2、CO_2、CO 和挥发性有机物等,其中各类气体浓度是非突变的。

仓库内温度、湿度、光照度、粉尘和有毒有害气体浓度等都是影响存储货物质量和寿命的重要参数。针对货物的不同特性,积极创造适宜的存储环境来保证货物的质量和品质,能够起到减少损耗、节约成本的作用。随着蔬菜、水果、药品、食品等温度敏感型产品以及危险品等特种物流的发展，有效地控制仓储环境参数，不仅可以保证存放货物的质量，延长产品的存储寿命，还可以为高效的仓储作业提供安全保障。由于不同种类货物对各种环境参数的敏感性不同，所以仓库监控的环境参数必须针对储存货物进行个性化选择。对于大多数仓库，一般需要同时监测 3~6 个环境参数才能满足个性化储存货物的要求，例如水果库需要同时监测温度、湿度、光照度、空气中氧含量和乙烯含量等参数，有些仓库需要同时监测的参数则更多。

4.1.2 环境监控装置功能需求

由于仓储系统具有封闭或半封闭的特性，空气流动性较差，混杂的各类气体浓度是非突变的，储存货物具有个性化特点，所以一般仓储系统同时需要监测的参数较多。在大多数仓储系统中，都需要监测温度、湿度和大气压力这三个参数。振动和晃动通常对大多数货物品质的影响很大，因此，在仓储环境监测中，可以将温度、湿度、大气压力和振动这四种环境参数作为仓储环境监控装置必配的基本监测功能，然后再根据存储货物的需求，增加相应种类的传感器。例如在酒库环境监控装置中，增加乙醇浓度、氧浓度监测功能。

环境监控装置要设置存储功能、显示功能、报警功能、计算功能和联网功能。

存储功能是指监控装置周期地将采集的多维环境参数存储在自带的本地存储器中（如 Flash 存储器），作为历史数据，便于查找事故原因、估算对货物的影响等。监控装置也可以通过网络将采集的数据传送给远程节点，将历史数据存储在远程节点上。

监控参数的显示，可以选择本地显示或远程显示。传统的仓储环境监控采用就地显示的方式，即在前端监控装置上显示。随着物联网技术的广泛应用，数据的集中管理和可视化逐渐成为主流，通过物联网将采集的参数进行远程传输，在后台服务器统一集中管理，方便了复杂数据的处理，这时监控前端的显示功能就变成可选功能。

和传统的其他仪表、装置一样，仓储环境监控装置要设置报警功能。当检测的某一参数的数值超过设定的阈值时，监控装置发出声光报警，提醒作业人员注意。同时，也经常设置报警信号输出，以便与其他控制设备（如空调、排风设备）联动。

在复杂的环境监控应用中，单纯的数据采集与报警已经不能满足需求，监控装置要进行一些必要的计算或基于模型的判断，例如信息融合、边缘计算等，这就要求监控装置具有计算功能。当然由于监控前端硬件资源的限制，其计算能力十分有限。

单个监控装置的监控能力和监控物理范围有限，不能满足大型仓储系统实施复杂环境监控的要求，必须由多个监控装置组成分布式网络监控系统，这时就要求监控装置具有联网功能。网络通信方式根据实际需求，可以选择有线通信，如RS485、现场总线、以太网等，也可以选择蓝牙、Wi-Fi、GPRS、4G或专用网络等无线方式。

4.1.3 设计总体思路

仓储系统由于本身物理形态、结构和内部作业空间布局的多样性，存储货物的特殊性，以及与外部大气环境关系的强或弱关联等特性，使设置仓储环境监控系统具有明显的个性化需求。因此，按照统一标准，依据传统生产过程配置环境监控仪表、监控装置或系统，往往不能满足实际需要。

与能源、电力、化工等生产过程环境相比，仓储系统的生产环境相对"干净"，灰尘较少。但是混杂气体成分复杂，封闭或半封闭物理空间导致空气流动性差，空气质量在没有外力的作用下（如加大通风系统出力），一般不会出现突变。

基于上述分析，设计与开发仓储环境监控仪表与装置，应使其具有如下特性：

1) 温度、湿度、大气压力和振动传感器作为基本配置，其他种类传感器方便增减。

2）具有一定的存储和计算能力。

3）具有常规仪表的显示、报警功能。

4）具有报警信号输出功能，用于联动诸如空调、排风扇等调节设备。

5）具有本地信息传输功能。

6）具有联网功能或信息远传功能。

大量使用集成一体化传感器，基于硬件复用的设计思想开发核心模块，使用技术成熟的联网和通信技术，构建灵活配置的仓储环境监控装置和系统，是解决仓储环境监控个性化需求的一种优化方案。

4.2 微环境数据采集记录装置

货物在仓储与运输过程中，经常被包装封闭在相对较小的微环境中。众所周知，货物包装有利于货物的仓储、分拣与运输，一般也会有利于货物的保存。但包装后货物所处的封闭的微环境与包装外的大环境中的温度、湿度、压力等环境参数往往存在一定差异，而这些环境因素极有可能导致包装内部的货物发生损坏。

ME-VR（Micro-Environment View and Record）是面向工业环境监控设计的微环境数据采集与记录装置，可以用于检测封闭或半封闭微环境的参数，同时具有显示、存储和报警监测参数等功能，特别适用于货物的仓储和运输全程监控。

4.2.1 硬件组成架构

ME-VR 微环境数据采集记录装置是以微处理器为核心的智能数据采集与处理系统，微处理器选用微功耗器件 STM32L433，与其相连的组件有显示组件、声音组件、操作组件、传感器组件和接口组件、电源组件等辅助电路元器件，其硬件组成架构如图 4-1 所示。

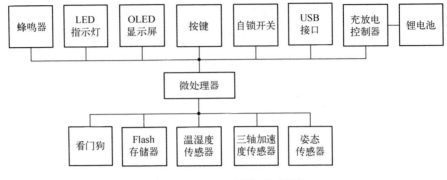

图 4-1 ME-VR 硬件组成架构

显示组件包括两个 LED 指示灯和一块 0.96 in OLED 显示屏。两个 LED 指示灯分别用于指示 ME-VR 工作状态和监测参数的报警状态；OLED 显示屏用于显示从传感器采集的参数值和其他工作信息。

声音组件选用 MLT-5020 贴片无源蜂鸣器，用于声音报警。

操作组件包括一个自锁开关和一个按键。自锁开关用于打开或关闭 OLED 显示屏显示；按键用于切换 OLED 显示屏上显示的内容。

传感器组件包括温湿度传感器、大气压力传感器、三轴加速度传感器和姿态传感器。温湿度传感器（SHT31）、大气压力传感器（MS5611-01BA）、三轴加速度传感器（ADXL345）选用 PCB 板载集成一体化传感器，通过 I^2C 或 SPI 总线与微处理器（STM32L433）相连；姿态传感器选用 JY901B 模块，通过 I^2C 总线与微处理器相连。

接口组件使用微处理器自带的 USB 接口，通过外部电路调整扩展为 Type-C USB 接口，既作为 ME-VR 设备的外接供电和锂电池充电接口，又作为 ME-VR 与其他智能设备的本地通信接口，可以将存储在 Flash 存储器中的记录数据传输到台式计算机、笔记本计算机或其他智能设备中。

4.2.2 设备功能

ME-VR 微环境数据采集记录装置作为独立设备使用，自带锂电池供电。当锂电池电能耗尽时，可以通过自带的 Type-C USB 接口充电。充满一次电，满负荷工作模式下可以使用3天，在节能方式下，可以使用数个月。ME-VR具有多维环境参数采集、存储、显示、计算、报警和信息传输功能，特别适用于货物短期存储、运输的全程在线监测，能够在移动状态或短期在线监测时，实现实时数据的采集与记录。

4.2.3　板载传感器

ME-VR微环境数据采集记录装置同时可以监测和记录的参数多达12个，包括环境温度、湿度、大气压力、X轴加速度、Y轴加速度、Z轴加速度和微环境高级运动姿态信息。

温度和湿度检测选用SHT31温湿度传感器。SHT3x-DIS是下一代敏感元件的温度和湿度传感器。它建立在一个新的CMOSens®传感器芯片之上，该芯片是Sensirion湿度和温度平台的核心。SHT3x-DIS与它的前身相比，提高了智能性、可靠性和精度。它的主要优秀性能包括完全出厂校准，线性化处理，温度补偿数字输出；电源电压范围宽，为2.4~5.5 V；I^2C接口通信，速度达1 MHz；温湿度准确性为±1.5%以及温度为±0.2℃；非常快的启动和测量时间；小8针DNF封装。

振动检测选用ADXL345传感器。ADXL345是一种小而薄的超低功耗的三轴加速度计，高分辨率（13位）测量范围是±16g。数字输出数据被格式化为16位双补码，并且可以通过SPI（3线或4线）或I^2C数字接口进行访问。ADXL345非常适合移动设备应用。它测量倾斜感测装置中重力的静态加速度，以及运动或冲击产生的动态加速度。它的高分辨率使测量倾角的变化小于1.0°。ADXL345提供了几种特殊的传感功能：通过比较任意轴上的加速度和用户设定的阈值来检测是否存在运动；轻拍感应可检测任何方向的单击和双击；自由落体感应检测设备是否正在下降。这些函数可以单独映射到两个中断输出引脚之一。一种具有32级先进先出（FIFO）缓冲器的集成内存管理系统可用于存储数据，以最小化主机处理器的活动并降低系统的整体功耗。低功耗模式使基于运动的智能功率管理在极低功耗下具有阈值感知和主动加速度测量。

微环境的晃动检测和气压检测选用 JY-901B 模块。JY-901B 模块由单片机、大气压力传感器、磁力计、陀螺仪以及电源模块五部分组成。JY-901B 模块采用 STM32F05 系列单片机，大气压力传感器（BMP280）、磁力计（AK8963）、陀螺仪（BMI160，提供三轴加速度测量和陀螺仪测量）、高性能 LDO 电源芯片，为 MCU 与传感器提供稳定精准的电源。

4.2.4 设备 PCB 布局

ME-VR 微环境数据采集记录装置将所有组件组装在一块 PCB 电路板上，正面和背面都安装有元器件，电源接口连接锂电池即可工作，如图 4-2 所示。

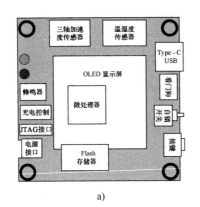
a)

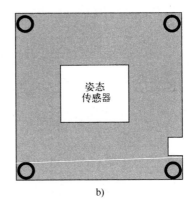
b)

图 4-2　ME-VR PCB 布局图
a）正面　b）背面

在 PCB 上布局元器件时，重点考虑使用的方便性和各功能设置的合理性。例如正面布局把传感器布局在最上方，将电源及发热量大的元器件布局在下面，以减少对温度测量的影响。将 JY-901B 模块布局在 PCB 的背面，考虑了其独立使用特性和作为可选部件方便人工焊接和拆除。

4.3 智能电化学传感器

SmartECS-USB（Smart ElectroChemical Sensor-USB）是面向工业环境监控设计的智能电化学传感器，可以对大气环境中的有毒有害气体浓度进行检测和信息传输。该设备采用 USB 接口作为供电和信息传输接口，具有微功耗、体积小等特点，可以广泛用于电力、石油、化工等工业环境监测，同样适用于物流仓储环境监测。SmartECS-USB 在设计时兼顾多种应用方式，以微功耗 STM32L433 微处理器为核心，扩展连接了一体化温湿度传感器、大气压力传感器、三轴加速度传感器以及电化学传感器等，可以对被测环境中的温度、湿度、大气压力、振动以及有毒有害气体浓度进行监测、计算、显示和信息传输。SmartECS-USB 通过更换电化学传感器感知器件，可以用于监测多达 14 种有毒有害气体。

4.3.1 硬件组成架构

SmartECS-USB 智能电化学传感器是以微处理器为核心的智能数据采集与处理系统，微处理器选用微功耗器件 STM32L433，与其相连的组件有显示组件、操作组件、传感器组件和接口组件等辅助电路元器件，硬件组成架构如图 4-3 所示。

显示组件包括两个 LED 指示灯和一块 0.96 in OLED 显示屏。两个 LED 指示灯分别用于指示 SmartECS-USB 工作状态和监测参数的报警状态；OLED 显示屏用于显示从传感器采集的参数值和其他工作信息。

操作组件包括一个自锁开关、一个按键和一个八位拨码开关。自锁开关用于打开或关闭 OLED 显示屏显示；按键用于切换 OLED 显示屏上显示的内容；拨码开关用于告知微处理器目前选择的电化学传感器类型。

传感器组件包括温湿度传感器、大气压力传感器、三轴加速度传感器和电化学传感器。温湿度传感器（SHT31）、大气压力传感器（MS5803）、

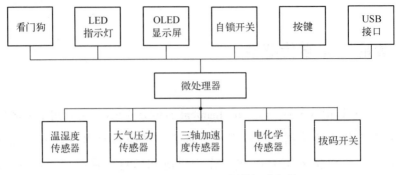

图 4-3 SmartECS-USB 硬件组成架构

三轴加速度传感器（ADXL345）选用 PCB 板载集成一体化传感器，通过 I²C 或 SPI 总线与微处理器（STM32L433）相连；电化学传感器选用英国 City 公司的产品，通过电化学传感器调理电路与微处理器自带的 AD 通道相连。

接口组件使用微处理器自带的 USB 接口，通过外部电路调整扩展为 Type-C USB 接口，既作为 SmartECS-USB 设备的供电接口，又作为 SmartECS-USB 与其他智能设备的通信接口。

4.3.2 设备功能

SmartECS-USB 智能电化学传感器具备多维环境参数采集、存储、显示、计算、报警和信息传输功能。为适应仓储与物流运输环境的复杂性，在设计初期就充分考虑了仓储环境监测的需求，设计有三种工作模式：使用便携式移动电源通过 SmartECS-USB 自带的 Type-C USB 接口给其供电，可以移动使用该设备；也可将 SmartECS-USB 作为前端采集设备，通过 USB 接口与笔记本计算机、台式计算机或其他智能设备连接使用，将 SmartECS-USB 采集的多维环境参数传输给这些智能设备，完成更为复杂的存储、显示、计算等功能；还可以将多个 SmartECS-USB 通过 USB Hub 相连，构成复杂的信息采集系统，如构建基于电化学传感器的电子鼻等。

4.3.3　板载传感器

单个 SmartECS-USB 智能电化学传感器同时可以监测的参数多达 7 个，包括环境温度、湿度、大气压力、X 轴加速度、Y 轴加速度、Z 轴加速度和环境中的某种气体浓度（如氧气浓度）。

温度和湿度检测选用 SHT31 温湿度传感器，如 4.2.3 节所述。

大气压力检测选用 MS5803-02BA 传感器。MS5803-02BA 是新一代高分辨率高度计传感器，使用 SPI 和 I²C 总线接口。它针对高度计和变差计进行了优化，高度分辨率为 20 cm。该传感器模块包括一个高线性压力传感器和一个超低功耗 24 位 Σ-Δ ADC 的内部校准系数器。它提供精确的数字 24 位压力和温度值，同时允许用户优化转换速度和电流消耗的操作模式。高分辨率温度输出可实现高度计和温度计功能而无需任何功能附加传感器。MS5803-02BA 几乎可以与任何微控制器连接，通信协议很简单，无需在器件中对内部寄存器编程。凝胶保护和防磁不锈钢帽允许在 100m 防水高度计和指南针手表中使用。所采用的传感原理使压力和温度信号都具有很低的迟滞和很高的稳定性。它的主要优秀性能包括快速转换低至 1 ms；低功耗，1 μA（待机<0.15 μA）；供电电源电压为 1.8~3.6 V；测量范围为 300~1100 mbar[⊖]，扩展压力范围为 10~2000 mbar；工作环境温度为 -40~+85℃；无外部元件（内部振荡器），出色的长期稳定性和密封性，可用于户外设备。

振动检测选用 ADXL345 传感器，如 4.2.3 节所述。

电化学传感器选用英国 City 公司的产品。

4.3.4　设备 PCB 布局

SmartECS-USB 智能电化学传感器将所有组件组装在一块 PCB 电路板上。传感器组件集中布局在下半部分，目的是方便与上半部分的电路元器件进行

⊖　1 mbar = 100 Pa。

隔离，以提高温湿度检测精度，如图4-4所示。

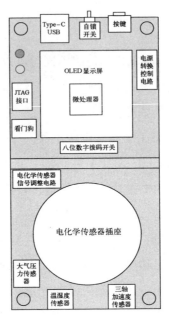

图4-4　SmartECS-USB PCB布局

4.3.5　工作模式

SmartECS-USB智能电化学传感器有独立移动、智能连接和复杂融合三种基本工作模式。

1. 独立移动工作模式

独立移动工作模式是指单个SmartECS-USB独立使用。用便携式移动电源（如充电宝）通过SmartECS-USB自带的Type-C USB接口给其供电，便可以采集和显示所在物理位置的大气环境参数，如图4-5所示。

2. 智能连接工作模式

智能连接工作模式是指将SmartECS-USB作为前端采集设备，通过USB接口与笔记本计算机、台式计算机或其他智能设备连接使用，将SmartECS-USB采集的多维环境参数传输给这些智能设备，完成更为复杂的存储、显示、计算等功能，如图 4-6 所示。

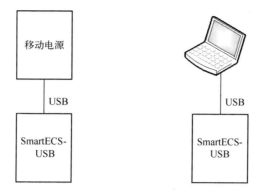

图 4-5　独立工作模式　　图 4-6　智能连接工作模式

3. 复杂融合工作模式

复杂融合工作模式是指将多个 SmartECS-USB 通过 USB Hub 与智能设备相连，构成复杂的信息采集系统，可以实现信息融合、复杂计算与推理等，如图 4-7 所示。

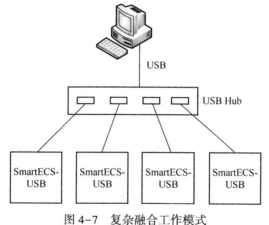

图 4-7　复杂融合工作模式

4.4　微功耗核心模块设计

IoT-MLE 微功耗核心模块是面向工业环境监控设计的、功能可扩展的物联网应用核心模块。该模块采用 STM32L433 微处理器作为控制中心，扩展连接温湿度传感器、大气压力传感器、三轴加速度传感器和姿态传感器，可以对工业环境中的温度、湿度、大气压力、振动和高级运动状态等环境参数进行检测；通过扩展OLED显示屏以及STM32L433引脚引出插针，使其成为一个既可以独立使用，又可以作为复杂物联网设备开发的智能核心模块。

IoT-MLE增强型核心模块可以广泛应用于电力、石油、化工等各种仓储环境监控。单独使用时，可以采用USB供电。

4.4.1 硬件组成架构

IoT-MLE微功耗核心模块是以微处理器为核心的智能数据采集与处理系统，微处理器选用STM32L433，与其相连的组件有显示组件、操作组件、传感器组件和接口组件等辅助电路元器件，硬件组成架构如图4-8所示。

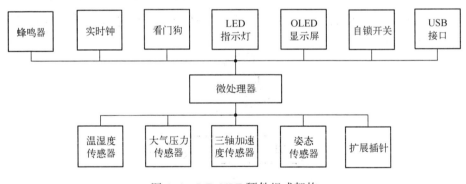

图4-8 IoT-MLE硬件组成架构

显示组件包括两个LED指示灯和一块0.96 in OLED显示屏。两个LED指示灯分别用于指示IoT-MLE工作状态和监测参数的报警状态；OLED显示屏用于显示从传感器采集的参数值和其他工作信息。

操作组件包括一个自锁开关，用作电源开关。

传感器组件包括温湿度传感器、大气压力传感器、三轴加速度传感器和姿态传感器JY-901B模块。温湿度传感器（SHT31）、大气压力传感器（MS5611-01BA）、三轴加速度传感器（ADXL345）选用PCB板载集成一体化传感器，通过I^2C或SPI总线与微处理器（STM32L433）相连。

接口组件包括 USB 接口和扩展插针。USB 使用微处理器自带的 USB 接口，通过外部电路调整扩展为 Type-C USB 接口，既作为 IoT-MLE 设备的供电接口，又作为 IoT-MLE 与其他智能设备的通信接口；扩展插针使用单排 10×2 标准插针，将 STM32L433 空余引脚引出，用作扩展功能使用，当 IoT-MLE 作为物联网设备的核心模块使用时，这些插针足够扩展电源接口、通用 I/O 接口、A/D 接口、RS485 接口、Wi-Fi 接口、蓝牙接口、GPRS 接口和 GPS 接口等。

4.4.2　设备功能

IoT-MLE 微功耗核心模块具备多维环境参数采集、显示、计算、报警和信息传输功能。在独立使用时，使用常用便携式移动电源通过 IoT-MLE 自带的 Type-C USB 接口给其供电，可以移动使用该设备；当作为核心模块使用时，将 IoT-MLE 模块通过扩展插针插在另外制作的扩展板上使用，构建更为复杂的物联网应用系统。

4.4.3　板载传感器

单个 IoT-MLE 微功耗核心模块同时可以监测的参数多达 6 个，包括环境温度、湿度、大气压力、X 轴加速度、Y 轴加速度和 Z 轴加速度。

温度和湿度检测选用 SHT31 温湿度传感器，如 4.2.3 节所述。

大气压力检测选用 MS5611-01BA 传感器。MS5611-01BA 气压传感器是由 MEAS（瑞士）推出的一款 SPI 和 I^{2}C 总线接口的新一代高分辨率气压传感器，分辨率可达到 10 cm。该传感器模块包括一个高线性度的压力传感器和一个超低功耗的 24 位模/数转换器（工厂校准系数）。MS5611 提供了一个精确的 24 位数字压力值和温度值以及不同的操作模式，可以提高转换速度并优化电流消耗。高分辨率的温度输出无需额外传感器即可实现高度计/温度计功能。可以与几乎任何微控制器连接。通信协议简单，无需在设备内部对寄存器编程。MS5611 压力传感器只有 5.0 mm×3.0 mm×1.0 mm 的小尺寸，可以集成在移动设备中。这款传感器采用领先的 MEMS 技术并得益于 MEAS（瑞士）十余年的成熟设计以及大批量制造经验，保证产品具有高稳定性以及非常低的压力信号滞后。测量范围为 10~1200 mbar，工作温度为-40~85℃。

三轴加速度传感器选用 ADXL345，其性能如 4.2.3 节所述。

JY-901B 模块的功能和性能如 4.2.3 节所述。

4.4.4 设备 PCB 布局

IoT-MLE 微功耗核心模块 PCB 布局采用正面和背面都布局的方案。正面布局绝大部分功能元器件，背面只布局可选的 JY-901B 模块，方便人工焊接和拆除，如图 4-9 所示。

正面元器件紧凑布置，将传感器集中在上方，电源接口及电源处理元器件布置在下方，以减少大的发热器件对传感器测量精度的影响。同时将开发程序操作相关的元器件和接插件也安排在下方，以方便操作。

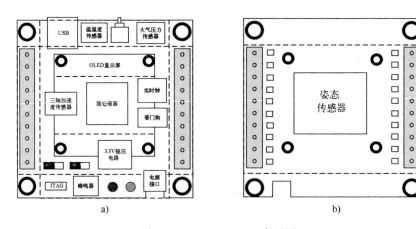

图 4-9　IoT-MLE PCB 布局图

a）正面　b）背面

4.4.5 扩展插针

IoT-MLE 微功耗核心模块设计的初衷主要是使用在手持设备和锂电池供

电环境下,其扩展功能相对简单,所以引出的扩展插针也较少。如图4-10所示,双排共设20个插针,仅能扩展I^2C、SPI、A/D、少量I/O以及电源引脚。

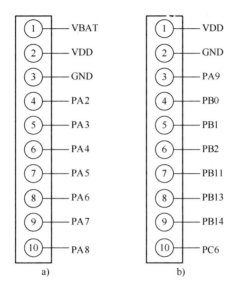

图4-10 IoT-MLE扩展插针

a) 左边扩展插槽 b) 右边扩展插槽

4.5 增强型核心模块设计

IoT-M4E增强型核心模块是面向工业环境监控设计的、功能可扩展的物联网应用核心模块。该模块采用STM32F407V微处理器作为控制中心,扩展连接温湿度传感器、大气压力传感器和三轴加速度传感器,可以对工业环境中的温度、湿度、大气压力以及振动等环境参数进行检测;通过扩展Flash存储器、OLED显示屏以及STM32F407V引脚引出插针,使其成为一个既可以独立使用,又可以作为复杂物联网设备开发的智能核心模块。

IoT-M4E增强型核心模块可以广泛应用于电力、石油、化工等各种仓储环境监控。单独使用时,可以采用USB供电。

4.5.1 硬件组成架构

IoT-M4E 增强型核心模块是以微处理器为核心的智能数据采集与处理系统，微处理器选用 STM32F407V，与其相连的组件有显示组件、操作组件、传感器组件和接口组件等辅助电路元器件，硬件组成架构如图 4-11 所示。

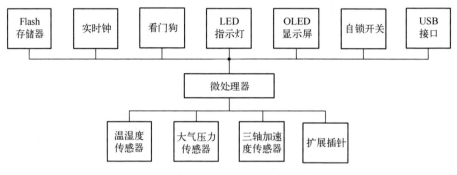

图 4-11　IoT-M4E 硬件组成架构

显示组件包括两个 LED 指示灯和一块 1.53 in OLED 显示屏。两个 LED 指示灯分别用于指示 IoT-M4E 工作状态和监测参数的报警状态；OLED 显示屏用于显示从传感器采集的参数值和其他工作信息。

操作组件包括一个自锁开关，用作电源开关。

传感器组件包括温湿度传感器、大气压力传感器、三轴加速度传感器和电化学传感器。温湿度传感器（SHT11）、大气压力传感器（MS5611-01BA）、三轴加速度传感器（ADXL345）选用 PCB 板载集成一体化传感器，通过 I^2C 或 SPI 总线与微处理器（STM32F407V）相连。

接口组件包括 USB 接口和扩展插针。USB 使用微处理器自带的 USB 接口，通过外部电路调整扩展为 Type-C USB 接口，既作为 IoT-M4E 设备的供电接口，又作为 IoT-M4E 与其他智能设备的通信接口；扩展插针使用双排 15×2 标准插针，将 STM32F407V 空余引脚引出，用作扩展功能使用，当 IoT-M4E 作为物联网设备的核心模块使用时，这些插针足够扩展电源接口、通用 I/O 接口、A/D 接口、以太网接口、RS485 接口、Wi-Fi 接口、蓝牙接口、GPRS 接口和 GPS 接口等。

4.5.2 设备功能

IoT-M4E 增强型核心模块具备多维环境参数采集、存储、显示、计算、报警和信息传输功能。在独立使用时，使用常用便携式移动电源通过 IoT-M4E 自带的 Type-C USB 接口供电，可以移动使用该设备；当作为核心模块使用时，将 IoT-M4E 模块通过扩展插针插在另外制作的扩展板上使用，构建更为复杂的物联网应用系统。

4.5.3 板载传感器

单个 IoT-M4E 增强型核心模块同时可以监测的参数多达 6 个，包括环境温度、湿度、大气压力、X 轴加速度、Y 轴加速度和 Z 轴加速度。

温度和湿度检测选用 SHT11 温湿度传感器。SHT1x（包括 SHT10、SHT11 和 SHT15）感光体的表面可挂载相对湿度和温度传感器。传感器将传感器元件和信号处理集成在一个微小的芯片上，并提供完全校准的数字输出。一种独特的电容式传感器元件用于测量相对湿度，而温度则由带隙传感器测量。应用的 CMOSens©技术保证了良好的可靠性和长期稳定性。两个传感器都无缝地耦合到一个 14 位模/数转换器和一个串行接口电路。这使得信号质量好，响应时间快，对外界干扰（EMC）不敏感。每个 SHT1x 都是在精密湿度室中单独校准的。校准系数被编程到芯片上的 OTP 存储器中。这些系数用于来自传感器的信号内部校准。该串行接口和内部电压调节允许和快速的系统集成。SHT1x 体积小，功耗低。温湿度准确性为±3.0% 以及温度为±0.4℃。

大气压力检测选用 MS5611-01BA 传感器，其性能如 4.4.3 节所述。

三轴加速度传感器选用 ADXL345，其性能如 4.2.3 节所述。

4.5.4 设备 PCB 布局

IoT-M4E 增强型核心模块由两块 PCB 板组成；OLED 显示板实现显示功

能，叠插在主控板上。主控板实现除显示以外的其他功能，其元器件布局如图 4-12 所示。

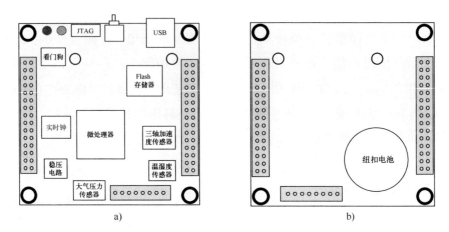

图 4-12　IoT-M4E 主控板 PCB
a）正面　b）背面

4.5.5　扩展插针

IoT-M4E 增强型核心模块设计用于可以扩展复杂功能的情况，对于工业环境仪表与装置所需的基本功能扩展都可以满足，如扩展内存、外部存储器阵列、以太网通信系统和控制执行驱动等。插针设置左右两排，共有 60 个。在常规使用时，可以按照预定义功能直接扩展，左侧插针功能预定义如图 4-13 所示，右侧插针功能预定义如图 4-14 所示。

4.5.6　软件架构

为了最大限度地实现硬件和软件复用，在 IoT-M4E 增强型核心模块硬件确定的情况下，设计能够实现常规功能的软件架构意义重大：一方面规范了扩展装置的软件开发方法；另一方面，IoT-M4E 增强型核心模块的软件几乎可以全部复用，这就加快了新产品的开发周期。

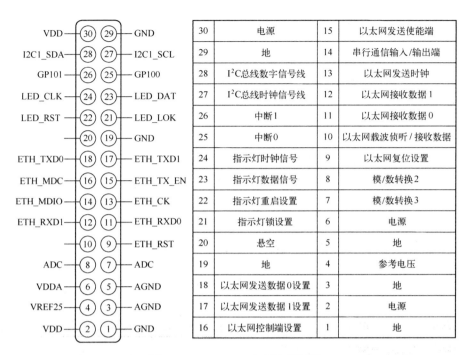

图 4-13 IoT-M4E 左侧扩展插针

图 4-14 IoT-M4E 右侧扩展插针

如图 4-15 所示是 IoT-M4E 增强型核心模块基于两个核心表的软件架构。该架构的设计基于虚拟机的思想,将多个数据采集与预处理软件作为标准函数,使用时直接调用;数据采集与预处理用到的固定参数来源于用户可组态的系统参数表;采集与预处理后的数据存放在过程变量表中。当 IoT-M4E 增强型核心模块运行时,系统参数表从 STM32F407V 的片内 Flash 存储器装载到内存,同时在内存中开辟过程变量表。

系统参数表见表 4-1 和表 4-2,作为预定义的表结构,是根据一般 IoT-M4E 增强型核心模块使用过程中需要的用户可组态数值的常量预定义的。

表 4-1 系统参数表 (一)

常量名	组态参数	字节数	数据类型
AchiveZone	归档时间间隔		
OLEDScreenRefreshZone	OLED 屏幕刷新间隔		
AlarmQueryCycle	报警查询周期		
CommuntOnePar	通信参数 1		
CommuntTwoPar	通信参数 2		
TemperatureCV	温度补偿值	4	Float
TemperatureAlarmHLV	温度报警高限值	4	Float
TemperatureAlarmLLV	温度报警低限值	4	Float
TemperatureSamplingPer	温度采样周期		
HumidityCV	湿度补偿值	4	Float
HumidityHLV	湿度报警高限值	4	Float
HumidityLLV	湿度报警低限值	4	Float
HumiditySamplingPer	湿度采样周期		
AtmosPressureCV	大气压力补偿值	4	Float
AtmosPressureHLV	大气压力报警高限值	4	Float
AtmosPressureLLV	大气压力报警低限值	4	Float
AtmosPressureSamplingPer	大气压力采样周期		

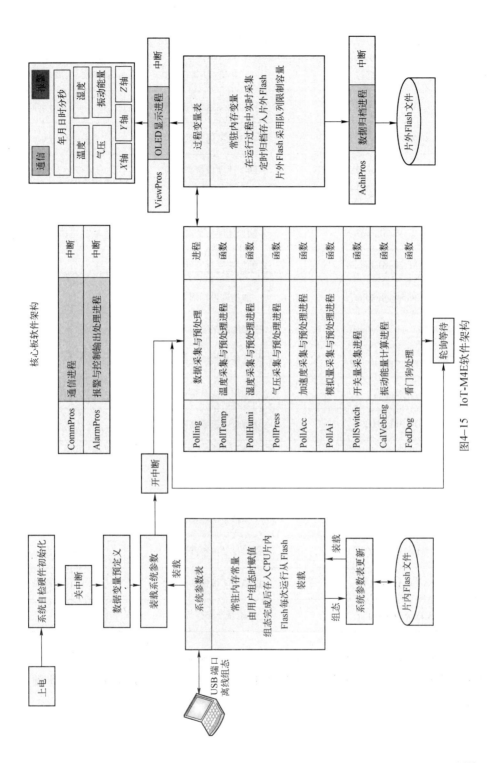

图4-15 IoT-M4E软件架构

表 4-2 系统参数表（二）

常量名	组态参数	字节数	数据类型
X-axisAccelerAlarmHLV	X 轴加速度报警高限值	4	Float
X-axisAccelerAlarmLLV	X 轴加速度报警低限值	4	Float
Y-axisAccelerAlarmHLV	Y 轴加速度报警高限值	4	Float
Y-axisAccelerAlarmLLV	Y 轴加速度报警低限值	4	Float
Z-axisAccelerAlarmHLV	Z 轴加速度报警高限值	4	Float
Z-axisAccelerAlarmLLV	Z 轴加速度报警低限值	4	Float
AccelerSamplingPer	加速度采样周期		
VibrationEnergyAlarmHLV	振动能量报警高限值	4	Float
VibrationEnergyAlarmLLV	振动能量报警低限值	4	Float
AiOneCV	模拟量 1 补偿值	4	Float
AiOneAlarmHLV	模拟量 1 报警高限值	4	Float
AiOneAlarmLLV	模拟量 1 报警低限值	4	Float
AiOneSamplingPer	模拟量 1 采样周期		
AiTwoCV	模拟量 2 补偿值	4	Float
AiTwoAlarmHLV	模拟量 2 报警高限值	4	Float
AiTwoAlarmLLV	模拟量 2 报警低限值	4	Float
AiTwoSamplingPer	模拟量 2 采样周期		

过程变量表见表 4-3 和表 4-4，作为预定义的表结构，是根据 IoT-M4E 增强型核心模块的采集数据以及扩展一般功能需要的变量预定义的。

表 4-3　过程变量表（一）

变　量　名	实　时　数　据	字节数	数据类型
RealDateVar	日期		
RealTimeVar	时间		
TemperaturePV	温度测量值	4	Float
HumidityPV	湿度测量值	4	Float
AtmosPressurePV	大气压力测量值	4	Float
X_axisAccelerPV	X 轴加速度测量值	4	Float
Y_axisAccelerPV	Y 轴加速度测量值	4	Float
Z_axisAccelerPV	Z 轴加速度测量值	4	Float
VebrationEnergyCV	振动能量计算值	4	Float
AiOnePV	模拟量 1 测量值	4	Float
AiTwoPV	模拟量 2 测量值	4	Float

表 4-4　过程变量表（二）

变　量　名	I/O	位数	I/O 类型
SwitchOneState	开关 1 状态	1	IN
SwitchTwoState	开关 2 状态	1	IN
SwitchThreeState	开关 3 状态	1	IN
SwitchFourState	开关 4 状态	1	IN
InputOneState	INPUT1	1	IN
InputTwoState	INPUT2	1	IN
CommuntOneLog	通信标志 1	1	内部

(续)

变量名	I/O	位数	I/O 类型
CommuntTwoLog	通信标志 2	1	内部
LedOneIndication	LED 灯 1 指示	1	OUT
LedTwoIndication	LED 灯 2 指示	1	OUT
LedThreeIndication	LED 灯 3 指示	1	OUT
LedFourIndication	LED 灯 4 指示	1	OUT
RelayOneOutput	继电器 1 控制输出	1	OUT
RelayTwoOutput	继电器 2 控制输出	1	OUT
HighAlarmLog	高限报警标志	1	内部
LowAlarmLog	低限报警标志	1	内部

系统参数表和过程变量表可以根据 IoT-M4E 增强型核心模块使用实际需要，做出增减常量和变量的变更。

4.6 基于核心模块的仓储环境监控装置

仓储环境监控与管理在仓储管理工作甚至在整个物流系统运作过程中都占有非常重要的地位。防潮、防霉、防腐、防爆等工作是仓储环境监控与管理的重要内容，仓储环境变化直接影响着储存货物的品质和使用寿命，影响着仓储作业的安全。因此，保证仓储环境安全是仓储管理的首要工作。

仓储环境监控能够及时获取反映仓库环境质量现状及发展趋势准确全面的数据，从而为科学实施仓库环境控制和货物管理等工作提供基础信息。传统仓储环境监控主要依靠人工定时检测，手工记录环境参数，通过分析检测结果，采用人工调节控制方法，对不符合环境要求的库房进行通风、除湿和降温等。人工方法记录方式落后、费时费力、工作效率低,很难保证及时准确。

采用数字显示仪表、智能仪器仪表等自动化检测设备实现的仓储环境监控,可以实时在线自动采集仓库环境参数,并进行信息的显示、存储、计算与报警控制,是当前仓库环境监控应用的主要方式。这种环境监控方式能够克服人工方法费时费力、工作效率低和时效性差等问题,但存在灵活性差、数据共享不充分、功能单一、不易扩展和多参数监测复杂等问题。

随着信息技术的发展,仓储环境监控逐步引入传感器网络,特别是近几年,人们开始大量研究和试点开发应用基于无线传感器网络的仓储环境监控系统。基于传感器网络技术的监控系统,以其高效、快捷、价格低廉的特点在实际仓储环境管理中越来越多地被采用,能够解决仪表化环境监控方式存在的诸多问题,在食品仓库、果蔬仓库、粮食仓库、烟草仓库、纺织品仓库以及危险品等特种物品仓库中有着广阔的应用前景。

4.6.1 基于 IoT-MLE 的便携式仓储环境监测装置

基于核心模块开发仓储环境监控仪表与装置,能够适应快速开发个性化设备的要求。图 4-16 表示了一个基于 IoT-MLE 的便携式仓储环境监测装置架构。

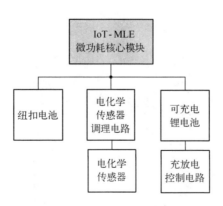

图 4-16 便携式仓储环境监测装置架构

基于 IoT-MLE 的便携式仓储环境监测装置由 IoT-MLE 微功耗核心模块和一块新开发的 PCB 板上下叠放构成，如图 4-17 所示。新开发的 PCB 板布局结构如图 4-18 所示。

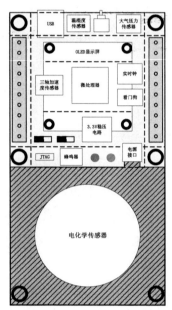

图 4-17　PCB 叠放示意图

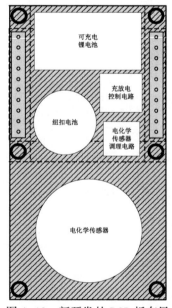

图 4-18　新开发的 PCB 板布局

便携式仓储环境监测装置除具有 IoT-MLE 微功耗核心模块的基本功能外，增加了有毒有害气体监测功能，整个装置由可充电锂电池供电，实现了便携功能。

4.6.2　基于 IoT-MLE 的仓储环境监控装置

基于 IoT-MLE 微功耗核心模块的仓储环境监测装置架构如图 4-19 所示。按照常规监控装置的功能要求，在 IoT-MLE 微功耗核心模块的基础上扩展了 RS485 通信功能、继电器报警输出功能和工业现场直流 24 V 转 5 V 电源转化电路。

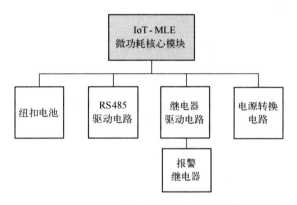

图 4-19　基于 IoT-MLE 的仓储环境监测装置架构

监测装置是在 IoT-MLE 微功耗核心模块的基础上，扩展了一块底板，如图 4-20 所示，将需要扩展的功能在底板上实现。IoT-MLE 微功耗核心模块与扩展底板通过 IoT-MLE 插针与扩展底板上设置的插座电气连接，叠层放置，如图 4-21 所示。

由此构成仓储环境监测装置，二次开发工作量小，软件开发速度快，最大限度地实现了硬件和软件复用。

基于 IoT-MLE 微功耗核心模块的仓储环境监测装置结构紧凑，满足大部分仓储系统对温度、湿度、大气压力、振动等环境参数的监测和数据远程传输，符合工业现场供电规范，可以工作在冷冻库、冷藏库等低温工作环境。

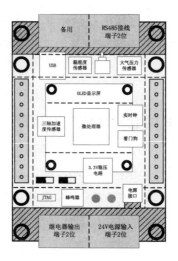

图 4-20 IoT-MLE 与扩展底板叠放示意图

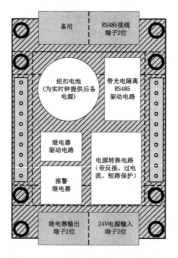

图 4-21 扩展底板 PCB 布局

4.6.3 基于 IoT-M4E 的无线仓储环境监控装置

当仓储系统物理面积大或立体仓库物理空间高时,有线通信的布线有时存在难度。因此,设计开发适用于仓储环境监控的无线传感器网络节点,由多个节点组成无线传感器网络,解决复杂物理环境的仓储环境监控问题,具有重要的意义。

基于 IoT-M4E 增强型核心模块开发无线传感器网络节点，可以做到开发周期短，软件复用度高。在基于 IoT-M4E 增强型核心模块的基础上，硬件设计任务简单，只需要新设计扩展板，增加必要的供电、无线通信模块和监控装置的报警功能电路，如 4.6.2 节所述采用叠层安装即可。软件的开发任务也是在 IoT-M4E 增强型核心模块软件的基础上，增加新增功能的中断服务程序或线程。

基于 IoT-M4E 增强型核心模块构建无线仓储环境监控装置（节点）的架构图如图 4-22 所示；IoT-MLE 与扩展板叠放示意图如图 4-23 所示；扩展板 PCB 布局如图 4-24 所示。

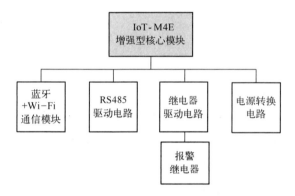

图 4-22 无线仓储环境监控装置

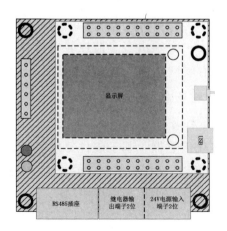

图 4-23 IoT-MLE 与扩展板叠放示意图

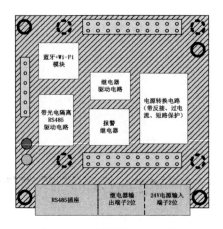

图 4-24 扩展板 PCB 布局

4.7 总结

仓储系统由于本身物理形态、结构和内部作业空间布局的多样性，存储货物的特殊性，以及与外部大气环境关系的强或弱关联等特性，使设置仓储环境监控系统具有明显的个性化需求。在复杂的环境监控应用中，单纯的数据采集与报警已经不能满足需求，监控装置要进行一些必要的计算或基于模型的判断，例如信息融合、边缘计算等，这就要求监控装置具有计算功能。

单个监控装置的监控能力和监控物理范围有限，不能满足大型仓储系统实施复杂环境监控的要求，必须由多个监控装置组成分布式网络监控系统，这时就要求监控装置具有联网功能。网络通信方式根据实际需求，可以选择有线通信，如 RS485、现场总线、以太网等，也可以选择蓝牙、Wi-Fi、GPRS、4G 或专用网络等无线方式。

大量使用集成一体化传感器，基于硬件复用的设计思想开发核心模块，使用技术成熟的联网和通信技术，构建灵活配置的仓储环境监控装置和系统，是解决仓储环境监控个性化需求的一种优化方案。

第5章 分布式仓储环境 CPS 系统

仓储是物流中不可或缺的重要环节，仓储发展到当今这个阶段，对仓储环境进行综合化的管理和监控是非常有必要的。信息物理融合系统（CPS）是一个具有革命性的系统，它可以将物理世界和信息世界通过 3C 技术融合起来，解决物理世界和信息世界相互独立的现状，将 CPS 应用于仓储环境监控系统中，对环境参数和设备运行环境的实时监测与控制将带来极大的便利。本章提出并设计仓储环境 CPS（Warehouse Environment Cyber-Physical System, WE-CPS）的架构、层次结构、功能、子系统接入方式、监控节点的软硬件设计、信息融合和上位数据可视化。

5.1 WE-CPS 架构与功能

仓储环境 CPS（WE-CPS）系统采用分布式、分层式、开放式的结构，应用分级控制模式，自上而下分为综合监控中心、网络层和设备/边缘层，如图 5-1 所示。通过不同的接口和通信协议实现仓储作业各子系统间的互联，并将数据经由网络层传送至综合监控中心，实现仓储作业环境与设备的集中管理。为仓储环境及设备监控的自动控制提供了可能性，同时为多种设备的集中管理搭建了平台，也为仓储管理中各类数据的分析奠定了基础。

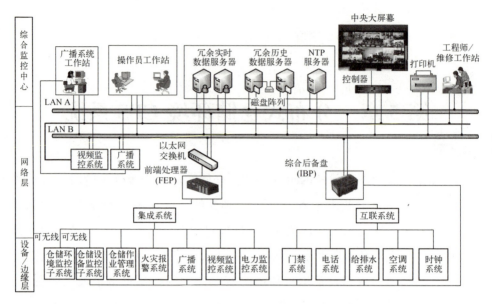

图 5-1 仓储环境 CPS 架构及层次图

5.1.1 综合监控中心

综合监控中心是 WE-CPS 的控制和操作中心,由历史与实时数据服务器、NTP(网络时间协议)服务器、打印机、广播系统工作站、操作员工作站、工程师/维修工作站以及中央大屏幕等构成,实现对全线仓储作业设备、仓储环境状况等的监视与控制。在突发事件下,综合监控中心提供解决方案,并发送控制信息,启动设备进行排险,实现故障快速解除,不影响仓储作业的目的。综合监控中心采用重要设备双重冗余的架构,用以提高系统的可靠性,任何单一设备崩溃都不会影响其他设备的正常运行。

(1) 历史数据服务器

综合监控中心配置了具有冗余的两个历史数据服务器,两个服务器可单独工作亦可同时工作,并且共用一个磁盘阵列。历史数据服务器对整个系统的历史数据、报警记录、操作记录、维修记录、报表等历史相关的数据和文件进行操作和存储。

(2) 实时数据服务器

综合监控中心配置了冗余的两个实时数据服务器，主要任务是完成实时数据与文件的处理。该实时数据服务器有双机热备份的功能，任何一台服务器发生故障，另一台服务器都可以完成全部服务，并将服务器故障信息发送给维修工作站。

(3) NTP 服务器

NTP（Network Time Protocol）服务器是用来为 WE-CPS 提供统一时间的。该服务器用来解决集成或互联的子系统以及各个服务器和工作站的时间同步问题，保证整个系统的实时性。

(4) 打印机

综合监控中心的打印机实质上是一个网络打印机组，根据其功能可以分为事件报警打印机、报表打印机、订单打印机以及日常事务打印机等。

(5) 中央大屏幕

中央大屏幕可以分区显示多种信息，例如仓储作业视频监控信息、仓储环境及设备实时监控信息、故障报警信息以及火灾报警信息等。中央大屏幕可以实时、直观地显示 WE-CPS 的运行状态，使不同工作站的工作人员共享信息。

5.1.2 网络层

网络层是连接综合监控中心和系统接入层的桥梁，是整个 WE-CPS 系统正常通信的前提。网络采用冗余以太网设计，且采用双网平衡、动态寻径的策略，某一个节点上某一个网卡或网线的故障不会影响此节点的正常网络功能，某一台交换机的损坏也不会影响整个系统的功能，这样便保证了网络的可靠性。

其中，视频监控系统集成在 WE-CPS 中，通过专有的信号传输线分别与广播系统工作站、操作员工作站、工程师/维修工作站以及中央大屏幕相连，保证视频信号的清晰与实时。

5.1.3 设备/边缘层

设备/边缘层是 WE-CPS 底层子系统的接入层，多个子系统通过集成或互联的方式接入网络层，实现与上层服务器的通信与管理。其中，集成系统是子系统与 WE-CPS 共用操作界面，不需要自备操作界面；而互联系统则需要自备全套的操作界面以及设备，可以独立于 WE-CPS 运行。所有子系统，包括集成子系统和互联子系统，都可以根据仓储环境和各子系统的特点通过有线或无线的方式连入网络中，对于火灾报警子系统这类应急子系统，还要连入手动应急后备控制盘（IBP）中，保证仓储环境 CPS 的可靠与安全。

（1）前端处理器（FEP）

前端处理器（FEP），又称为互联网关、通信控制器。FEP 主要任务是与其相连的子系统进行数据巡检和协议转换，定期查询子系统的数据格式，根据需要提交到综合监控中心的实时服务器中，并根据需求向需要数据的客户端，如各类工作站等，提供实时数据。

由于子系统较多，虽然采用分布式结构，但为了保证 FEP 的低负荷率，一般采用两组冗余 FEP 共同完成接口通信任务。

（2）手动应急后备控制盘（IBP）

手动应急后备控制盘（IBP）是一种具有人机接口的可编程序控制器，设置在仓库的控制室中。当 WE-CPS 发生一级通信故障或一级人机界面故障时，IBP 作为后备设备来支持仓库综合监控系统的关键监视和控制功能，它是一种在紧急情况下使用的手动按键控制盘。IBP 作为 WE-CPS 的手动应急后备设备具有非常重要的意义。

5.1.4 WE-CPS 的功能与性能

仓储环境 CPS 通过上述层次结构实现了整个仓储作业的信息共享后，整体上具备以下基本功能：

1）联动功能。系统的联动控制功能，包括正常模式、火灾模式和故障模式。联动功能又可以分为事件触发和人工触发等方式。

2）系统的设备具有自诊断功能。

3）系统具有时钟同步功能。

4）系统具有事件回放、辅助决策支持等功能。

5）冗余设备可以实现无干扰自动切换功能。

6）系统的操作员工作站具有全面监视的功能，通过友好的监视画面，监视所包含的监控对象的状态、参数及运行过程。

7）系统的操作员工作站有报警功能，根据要求可以提供画面和声光报警。

8）系统具有订单管理、报表管理和打印功能。常用报表有报警报表、出入库统计报表等。

9）系统具有网络管理功能。可以实现入网管理、网络监控和故障报警等功能。

10）系统具有备份和恢复的功能。

WE-CPS 整体上具有以上基本功能，而这些功能要依靠设备/边缘层各子系统独自或协调工作来实现。子系统是 WE-CPS 中不可或缺的重要部分，也是 WE-CPS 开放特性的重要体现。

5.2 子系统功能及互联

子系统是 WE-CPS 实现监控功能的基础与根本。在 WE-CPS 中，子系统的选取可以根据仓库实际需要自定义，在后期也可以进行扩展。在 WE-CPS 中，子系统是通过集成或互联的方式实现信息共享的，子系统功能如下。

5.2.1 集成系统

（1）火灾报警系统（FAS）

FAS 具有行业管理严格的特点，须按照当地消防部门要求进行建设。将

FAS集成到WE-CPS中是不存在技术难题的，但是也必须按照当地要求，因地制宜地选择集成或互联的方式设计。

（2）仓储设备监控子系统

仓储设备监控子系统就是使用具有监测、计算、组网等功能的节点对仓储关键作业设备进行实时监控，当设备出现故障时可以及时报警并通知工作人员，用来保证仓储作业的安全与效率。

（3）仓储环境监控子系统

仓储环境监控子系统就是运用具有监测环境参数的先进设备对仓储环境中含氧量、温湿度、光照度和气体浓度等进行实时监测并记录，当监测参数超过阈值时，该设备进行报警并发送控制信息至其他子系统，如排水系统、空调系统等，用来保证仓储环境参数在设定的范围内。

（4）仓储作业管理系统

仓储作业管理信息系统通过对仓储作业中发生的出入库货物的类型与数量以及库存等进行详细记录、分析，制定出合理的操作策略，保证仓库中正常的作业与库存水平。

（5）电力监控系统

电力监控系统主要是对仓库内变压器、进线开关柜等进行监控，预防漏电事故。

（6）视频监控系统

视频监控系统是保证仓储货物安全的重要子系统之一。值班员利用它监视仓储设备运行情况、工人补货卸货等工作情况，当仓库失窃时亦可以帮助工作人员找到嫌犯，提高仓储作业透明度。当仓库发生灾情时，视频监控系统可以作为指挥抢险的指挥工具。

（7）广播系统

广播系统可向工作人员通告设备运行状况、货物安全和人员调度等信息。当发生火灾等灾难时，可配合视频监控系统疏导仓库工作人员逃生。

5.2.2 互联系统

(1) 门禁系统

门禁系统主要是管理工作人员进出或者货物进出库工作，设立门禁系统可以阻挡闲杂人等进入仓库，提高仓库货物安全系数。

(2) 电话系统

仓库中安装电话用于与仓库内部或仓库外部联系，例如与订单管理员直接电话联系解决订单问题，与供应商联系解决补货等问题。

(3) 给排水系统

设计给排水系统是为了解决仓库中货物、作业设备对湿度的要求以及污水排放的问题，湿度过低或过高都会对货物存储造成不良影响，湿度过高会导致仓储设备生锈。

(4) 空调系统

空调系统可以保证仓储环境温度适中，保证货物的正常保存。

(5) 时钟系统

时钟系统为控制中心服务器、广播系统工作站、操作员工作站等各部门工作人员提供统一的标准时间信息，为其他系统提供统一的时间信号。

5.2.3 子系统互联

子系统是整个 WE-CPS 正常工作的基础，但由于子系统众多，且系统内接口众多，因此子系统与网络层的连接方式是急需解决的问题。一般情况下，子系统使用一种通用的结构连入 WE-CPS 中，即先连入 FEP 再连入 WE-CPS，如图 5-2 所示。

但是此种连接方式具有接口协调工作量大、施工周期长、可靠性低、实时性低等缺陷。考虑到网络的高效性与施工的便利性，在仓储环境 CPS 中，子系统接入方式设计为一体化的 WE-CPS 结构，如图 5-3a 所示。

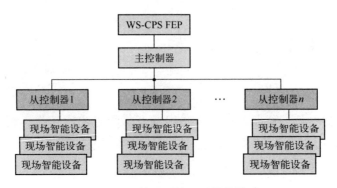

图 5-2 监控子系统通用结构模型

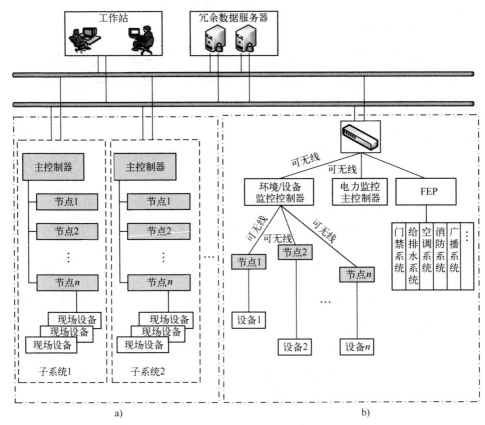

图 5-3 一种子系统接入方式

a) WE-CPS 一体化接入方式 b) 经 FEP 转换的接入方法

采用此方式连接子系统,优势在于:首先,可降低部分子系统故障对整个系统调试工作量的影响。其次,可以提高系统的实时性。主控制器直接与子系统的实施控制器连接，减少了通过 FEP 连接的环节。再次，可提高系统的鲁棒性。采用分布式结构，当某个主控制器出现故障时，不会影响其他主控制器下的子系统的运行。最后，此结构在工程实施过程中结构简明、连接方便，降低了建设与维护成本。

由于在仓储环境 CPS 中，电力监控系统、仓储环境监控子系统和仓储设备监控子系统对实时性要求较高，因此上述三个子系统需要采用专业的主控制器直接连入骨干网络，而对系统实时性要求不是很高的子系统则采用通用的连接方式，即各子系统先连入 FEP，经 FEP 协议转换再连入骨干网络的方式，如图 5-3b 所示。

这里以仓储设备监控子系统为例阐述子系统接入方式。在仓库中，多个监控节点分布在多个监控对象上，监控节点具有独立完成数据的采集、计算、存储并转发的功能，且该节点具有实时、可自定义、多参数监测、多通信方式的特点。当监控节点采集到数据并进行初步处理后，该节点通过有线或无线方式传送到主控制器，主控制器连入骨干网络将数据传送到仓储监控中心实时服务器或任何需要该数据的设备。在此种连接方式中，仓储环境监控子系统、仓储设备监控子系统与电力监控系统不必与其他子系统争夺 FEP 的使用权，满足了这三个子系统对实时性的要求。

5.3 CPS 边缘节点结构

5.3.1 边缘计算与 CPS 边缘节点

目前业界对边缘计算（Edge Computing）的定义和说法有很多种。ISO/IEC JTC1/SC38 对边缘计算给出的定义：边缘计算是一种将主要处理和数据存储放在网络的边缘节点的分布式计算形式。边缘计算产业联盟对边缘计算的定义是指在靠近物体或数据源头的网络边缘侧，融合网络、计算、存储、应用核心能力的开放平台，就近提供边缘智能服务，满足行业数字化在敏捷连接、实时业务、数据优化、应用智能、安全与隐私保护等方面的关键需求。国际标准组织 ETSI 的定义为在移动网络边缘提供 IT 服务环境和计算能力，强调靠近移动用户，以减少网络操作和服务交付的时延，提高用户体验。随着 5G 技术的逐步成熟，MEC（Multi-Access Edge Computing，也称为 Mobile Edge Computing）作为 5G 的一项关键技术成为行业上下游生态合作伙伴们共同关注的热点。目前，ETSI 对 MEC 的定义是指在网络边缘为应用开发者和内容服务商提供所需的云端计算功能和 IT 服务环境。

上述边缘计算的各种定义虽然表述上各有差异，但基本都在表达一个共识：在更靠近终端的网络边缘上提供服务。从技术的角度看，"人联网"时代"云端二体协同"是一种基本的技术组合形态。而在"物联网"时代，数以千亿计的各种设备将会联网，大量的"摄像头、传感器"将会成为物联网世界的眼睛，是"智慧化"服务的基础。万物互联时代的基本需求是"低时延、大带宽、大连接、本地化"。目前的"云端二体协同计算"已经无法满足"低时延、低成本"的需求。带宽成本和传输时延都是个大问题，需要引入边缘计算来解决这个问题。所以，"云边端三体协同"是物联网时代的计算组合形态，边缘计算是物联网时代不可或缺的基础设施之一。

在仓储环境 CPS 体系架构下，设备/边缘层是整个系统的硬件设备连接和边缘接入的层次，其仓储环境监控子系统和仓储设备监控子系统的主要功能是获取仓储环境信息和仓储设备工作环境和运行状态信息，在大型仓库中，系统对环境信息和设备运行环境和状态的数据需求是"低时延、低成本、大连接"的，CPS 边缘节点即成为仓储环境监控系统的主要设备，也是连接物理世界和信息世界的入口，也可以说，CPS 边缘节点的设计是整个仓储环境监控子系统，乃至整个仓储环境 CPS 工作的基础。本系统中节点的硬件设计主要遵循模块化的设计风格，主控制器、传感器的选择、传感器接口、通信接口、扩展接口和其他模块设计这几部分设计，根据硬件开发的一般过程，最后使仓储环境监控系统 CPS 边缘节点得到实现。

5.3.2　CPS 边缘节点的结构

仓储环境监控系统主要是对被监测货物周边的温度、湿度、光照度以及会对货物造成不良影响的各种气体浓度（如氧气浓度、二氧化碳浓度、一氧化碳浓度和二氧化硫浓度）等数据进行实时监测并处理。仓储环境监控系统 CPS 边缘节点功能结构图如 5-4 所示。

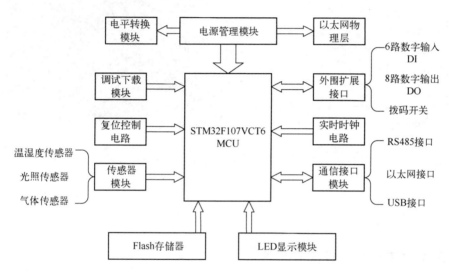

图 5-4　仓储环境监控系统 CPS 边缘节点功能结构图

该节点主要由微控制器 STM32F107VCT6、电源管理模块、调试下载模块、复位控制电路、传感器模块、Flash 存储器、LED 显示模块、实时时钟电路、通信接口模块和外围扩展接口几部分组成，其中电源管理模块内置电平转换模块，传感器模块包括温湿度传感器 SHT11、光照传感器 TSL2550T 以及各种气体传感器等；Flash 存储器用来存储传感器采集到的数据；LED 显示模块用来显示当前节点的工作状态；通信接口模块包括用来通信或组网的 RS485 接口、以太网接口和 USB 接口；外围扩展接口包括拨码开关、6 路数字输入 DI 和 8 路数字输出 DO 等。该节点布局与实物图如图 5-5 所示。

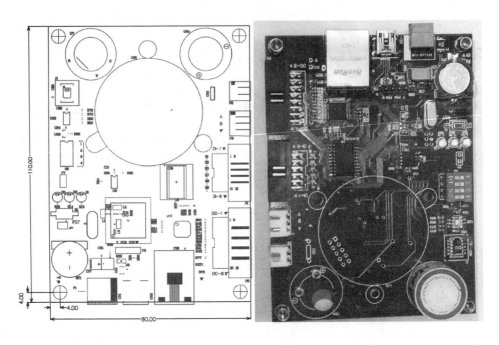

图 5-5 仓储环境监控系统 CPS 边缘节点布局与实物图

5.3.3 CPS 边缘节点主控制器

目前,由于仓储环境监控系统采集到的数据量和数据的计算量大,因此要将 32 位 ARM 处理器应用到此类系统中,而传统的 32 位 ARM 7、ARM 9 等系列微控制器在数据通信及处理方面优势明显,但其结构较为复杂,实时性不能保证,且在逻辑控制方面存在劣势,所以不适合测控领域。在 2004 年以后,ARM 公司重新定位产品线,推出了全新的 Cortex 架构系列,本系统考虑到仓储环境监控系统对性能以及实时性的要求,选择了意法半导体(ST)公司的 STM32F107VCT6 互联型处理器为主控制器,该处理器基于 ARM 公司专为测控领域推出的 ARM Cortex-M3 核心。

5.3.4 CPS 边缘节点传感器的选择

1. 空气温湿度传感器

在仓储环境监控系统中，空气温湿度过高或过低都会对储存的货物有影响，在仓储设备监控子系统中，温度过高会影响设备的正常散热与正常运行，湿度过高会使设备生锈或加快线路老化等，因此对仓库中空气温湿度实时监控是很有必要的。本系统采用了 SHT11 温湿度传感器，该传感器有低能耗、数字输出、稳定性强、尺寸小及可自动休眠等特点。

2. 光照传感器

仓库中自然光的光照会直接影响空气的温湿度，对于一些对光强敏感的货物，可能会引起其分解或者变质，况且光照对仓储货物影响很明显，却往往被仓管人员所忽视。本系统采用了 TSL2550 光照传感器，该传感器具有激活功率低、两路 SMBus 接口及数字输出等特点。

3. 二氧化碳传感器

在仓储环境中，二氧化碳的浓度直接影响到货品的保存质量，针对不同的货物，所需要的二氧化碳浓度也不同，在仓储工作人员工作区域二氧化碳浓度过高还会带来危险。本系统采用英国 CITY 公司的二氧化碳传感器。

4. 一氧化碳传感器

由于一氧化碳是无色、无刺激性的易燃气体，会给仓库人员带来极大的危险，而且有些不法商贩利用一氧化碳中毒会使血液变得鲜红这一特点来处理鲜肉，因此在仓储环境对一氧化碳进行实时监测是很有必要的。本系统采用英国 CITY 公司的一氧化碳传感器，该传感器有三个端口，根据其用户手册，设计出三端电化学传感器调理电路，同时该调理电路也同样可以应用到二氧化硫传感器中。

5. 氧气传感器

在仓储环境监控系统中，氧气的浓度可能会影响有机食品（比如果品）或植物的呼吸作用，而在仓储设备监控子系统中，在适当的条件下，氧气与设备会产生氧化还原反应而影响设备的安全性，因此对氧气浓度进行实时监测是很有必要的。本系统采用了英国 CITY 公司的氧气传感器。

6. 压力传感器

压力传感器提供的数据可以帮助仓储设备在最优化的状态工作，同时可以实现能源节约。本系统压力传感器采用的是 MS5803 芯片，该传感器具有测量精度高、灵敏度高、稳定性强以及功耗低等特点，本系统中该传感器通过 SPI 接口与微控制器进行通信。

7. 运动模块

本系统的运动模块指的是一个 9 轴芯片 MPU9250，该模块是一个 QFN 封装的复合芯片（MCM），它由两部分组成，一部分是 3 轴加速度计和 3 轴陀螺仪，另一部分则是 AKM 公司的 AK8963 3 轴磁力计。它支持 I^2C 接口，可直接输出 9 轴的全部数据，而且其内部自带的运动处理器可以做运动处理，可编程中断可以用来做低功耗的手势识别，还可以单独开启低功耗的 DMP 计步器而让主机休眠。

MPU9250 采用一体化的设计，具有时钟校准功能，使开发者避开了烦琐复杂的芯片选择，降低了外设成本，一个芯片就可以实现 3 轴加速度计、3 轴陀螺仪以及 3 轴磁力计的功能。在本系统中该运动模块主要用于仓储设备监测，通俗地说，这个 MPU9250 芯片可以提供被监测设备的震动情况、是否有转动、是否有向某个方向的位移、设备是否倾斜等信息。

5.3.5 传感器接口

1. 模拟电路输入端口

模拟电路输入端口，电压输入范围为 0~2.5 V，内置最快转换速度达 1 Mbit/s 的 12 bit A-D 转换器。本系统中，模拟电路输入端口可与气体传感器调理电路相连，可搭载多种气体传感器，如 CO、O_2 等。

2. USART/RS232 串行接口

USART（Universal Synchronous Asynchronous Receiver Transmitter），即"通用同步异步收发器"，是计算机和大多数微控制器都支持的全双工的串行通信接口模块，它支持局部互联网通信及调制解调器操作。USART 串行接口可以用多缓冲器配置的 DMA 方式来实现高速数据通信，此种方式是不占用 CPU 资源的。

RS232 接口是美国 EIA 制定的全双工串行通信标准，早期主要用于与 Modem 连接，曾经是 PC 上普遍存在的接口之一，如今部分台式计算机和大多数笔记本计算机都省略了此接口，然而由于其使用方便，仍然是嵌入式领域非常重要的接口之一。RS232 连接插头采用 25 针或 9 针的 D 型 EIA 插头/插座，如今常用的绝大多数是 9 针，其接口定义与说明见表 5-1。

表 5-1 RS232 接口定义与说明

引脚	方向	符号	功能
3	输出	TXD	发送数据
2	输入	RXD	接收数据
7	输出	RTS	请求发送：通知 Modem 现在要发送数据
8	输入	CTS	为发送清零：通知 PC，Modem 已做好接收数据准备

(续)

引脚	方向	符号	功能
6	输入	DSR	数据设备准备好:通知 PC,Modem 已接通电源并准备好
5		GND	信号地
1	输入	DCD	数据信号检测:通知 PC,Modem 已与对端 Modem 连接
4	输出	DTR	数据终端准备好:通知 Modem,PC 已接通电源并准备好
9	输入	RI	振铃指示器:通知 PC 对端电话已在振铃

由以上内容可知,USART/RS232 串行接口需要三条线与 CPU 完成通信,即一条信号线 TXD 发送数据、一条信号线 RXD 接收数据、一条接地 GND。本系统使用 TTL 电平的 UART 端口,可接具备 UART 接口的数字传感器,如 CO_2 等。

3. I^2C 总线接口

I^2C(Inter-Integrated Circuit)总线是 Philips 公司最先推出的一种针对芯片间相互通信的串行传输总线,它以半双工的方式进行数据的发送和接收,可以很方便地构成多级系统和扩展系统。I^2C 总线在标准模式数据传输速度为 100 kbit/s 左右,高速模式下可达 400 kbit/s。目前 I^2C 总线广泛应用于消费类电子产品、通信产品、仪器仪表及工业测控系统中。

STM32 的 I^2C 模块可以接收和发送数据,它可以将数据从串行转换成并行,也可将并行转换为串行。I^2C 总线有多种用途,包括 CRC 码的生成和校验、SMBus(System Management Bus)和 PMBus(Power Management Bus)等,而且根据特定设备的需要,可以使用 DMA 来减轻 CPU 的负担。

本系统中,只要是支持 I^2C 总线的传感器均可以用此种方法与微控制器进行连接并通信,本系统中空气温湿度(SHT11)传感器与光照(TSL2550)传感器使用的是 I^2C 总线。

4. 4~20 mA 电流输出接口设计

4~20 mA 电流信号是工业标准总线，常用的仪表的信号电流都是 4~20 mA，指最小电流为 4 mA，最大电流为 20 mA，即一般仪表都用 4~20 mA 标准总线。而在工业现场传输信号时，要考虑到导线上也有电阻，如果使用电压传输则会导致一定的电压降，接收端的信号就会产生一定的误差；还要考虑的是如果使用电压信号传输，传输线会受到噪声的干扰。为了解决以上两个问题，就需要使用电流来传输信号，因为电流对噪声并不敏感。4~20 mA 总线是用低电流表示零信号，用高电流表示信号满的信号，而不在此区域的信号用于故障报警。

仓储环境 CPS 边缘节点设计中，便是用 4~20 mA 的电流值来表示传感器的数据，而且也是使用的 TI 公司的 XTR115 芯片来转换信号的。本系统采用了现已并入 TI 公司的美国 BB（BURR-BROWN）公司生产的 XTR115 芯片，该芯片可以完成电压与电流和电流与电流间的转换。本系统中，传感器信号经 DAC1 输出为模拟电压信号，然后经过 R70 转换成输入电流 I_{in}，再经过 XTR115 放大后从 OUT 端输出 4~20 mA 的电流信号，本系统中 I_{in} 需要在 40~200 μA 范围内。

5.3.6 通信接口

1. USB 通信的接口

STM32 内置模块符合 USB 2.0 技术规范，该模块与计算机间的通信可以通过共享专用的数据缓冲区来实现。当 USB 模块不工作时，其可以置于低功耗模式；当需要该模块工作时，可以通过 USB 线上检测和中断的方式将其唤醒。

本系统采用 Mini USB 接口，其可以工作于 Slave 模式或者 Host 模式，本系统应用 STMPS2141STR 芯片使 USB 接口支持 OTG 模式。

2. 以太网接口

目前在很多应用场合中,为了实现系统间的通信,通常使用 RS485、RS232、USB 等通信方式。但是随着数据量的加大以及用户对数据安全性与速率更高的要求,这些通信方式便不适应了,因为它们不具有很强的开放性。而以太网接口以其灵活性高、实现方式简单等特点,成为当今最重要的一种通信与组网方式,在各行各业都有很广泛的应用。对于本系统来说,仓储环境 CPS 边缘节点可以通过以太网的方式更方便地与上位机或其他设备通信,它可以使用 TCP 或者 UDP 的方式工作,也可以作为 Client 端或者 Server 端工作。

5.3.7 扩展接口

1. RS485 串行接口设计

RS485 是一种标准的串行总线标准。前文提到的 RS232 接口可以实现点对点的通信方式,但不能多设备联网,使用 RS485 就是要解决多设备联网问题。

本系统设置 RS485 接口主要是为了实现仓储环境 CPS 边缘节点的扩展功能和组网功能,该节点可以通过支持 RS485 串口通信标准的接口与其他设备进行远距离通信,或与更多的设备组网。本系统采用了 MAX3485 芯片实现 RS485 通信接口。该芯片支持 $-7 \sim 12$ V 的超宽电压输入,传输速率可达 10 Mbit/s,低电流关断模式功耗低至 2 nA,最多支持 32 个节点组网。本系统为 1 路 485 端口扩展。

2. 数字输入/输出接口设计

可扩展性是 CPS 的一个重要特征,考虑到仓储环境 CPS 边缘节点的可扩展性,非常有必要在节点中设置外围扩展接口。在本系统中,CPS 边缘节点设置了 6 路数字输入 DI 接口和 8 路数字输出 DO 接口,其中数字输入 DI 接口内置整形滤波单元。

数字输入 DI 接口可以外接任何与本系统关联的数字输入信号，如连接传感器就可以扩展本 CPS 边缘节点的传感器类别，实现个性化与定制化；如输入数字控制信号可以对系统进行个性化配置，也可以修改权限内的系统配置信息等。同样地，数字输出 DO 接口可以连接任何与本系统关联的设备，例如可以连接空调系统，当仓储环境 CPS 监控节点经过数据采集并分析计算后，得出当前环境温度过高不适宜货物保存时，便可以通过数字输出 DO 接口发送控制信息给空调系统，启动空调系统内的排风系统对当前温度进行实时调控，直到监控节点"认为"当前环境情况适宜货物保存条件为止。数字输出 DO 接口还可以连接更多的子系统来实现仓储环境或设备的自动调控，如可以连接广播系统进行报警通知、连接门禁系统，当仓库发生危险时自动打开消防通道等。数字输入/输出接口保证了仓储环境 CPS 边缘节点的扩展性和可配置性，也体现了 CPS 的特征。

5.4 CPS 边缘节点信息融合

5.4.1 实时信息的采集和存储

在仓储环境中，需要对环境中的温度、湿度、氧气含量、二氧化碳含量和乙烯含量等进行实时监控。在监控系统整个运行期间内会产生大量的数据，这些数据为整个监控系统提供一个数据中心，并且都具有实时性，如何有效合理地存储这些数据是需要考虑和加以解决的问题。仓储环境监控系统中实时信息处理过程的数据流及存储体系结构如图 5-6 所示。

在仓储环境监控系统中，CPS 边缘节点的传感器模块收到控制单元命令后采集环境信息，并存入内存对应位置。控制单元采用轮询方式（Polling），每 10min 向传感器模块发送指令，传感器模块收到指令后进行仓储实时信息的采集，并存入内存中相应位置。仓储实时信息采集及存储过程示意图如图 5-7

所示。

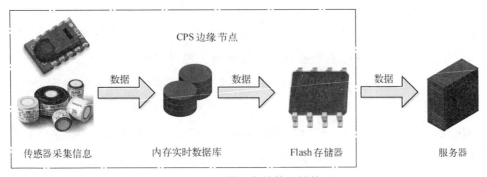

图 5-6 实时信息存储体系结构图

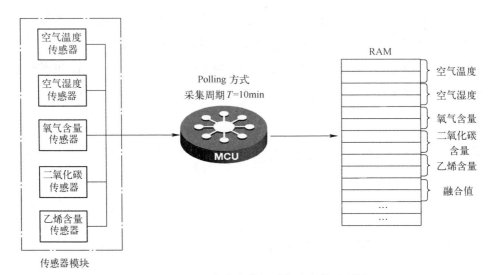

图 5-7 CPS 边缘节点数据采集及存储过程图

仓储实时信息被采集到内存后，存入内存实时数据库中。首先需要对实时数据进行检查，包括安全性检查和坏值检测等。其中安全性检查主要检查实时数据是否达到预先设定的报警值。如果达到报警条件，则进入报警程序。坏值检测即是对数据质量的检测，如果采集的数据是无效的则进入报警程序，提醒用户，及时处理问题。如果数据顺利通过数据检查后无误，微处理器将对数据进行融合计算，并得出新的融合值，同时新的融合值将存入实时数据库中融合值表。接着，微处理器对融合值进行检查，看其是否处于安全范围内。如果该值超过所设定的安全范围，则启动报警程序。

通过对仓储环境监控系统进行数据分析后，得出数据字典如下。

1. 传感器采集信息表

传感器采集信息表有 8 个字段，分别记录所采集信息记录的编号、CPS 边缘节点编号、空气温度、空气湿度、氧气含量、二氧化碳含量、乙烯含量和采集时刻。

主键：Sensor-ID。

表名：Sensor。

表结构：见表 5-2。

表 5-2 传感器采集信息表

数据项名称	数据项定义	数据项类型	数据项长度	允许为空	备注
Sensor-ID	采集信息编号	int	4	No	设为外键
CPSID	CPS 边缘节点编号	int	4	No	
AT	空气温度	float	16	Yes	
AH	空气湿度	float	16	Yes	
O_2	氧气含量	float	16	Yes	
CO_2	二氧化碳含量	float	16	Yes	
C_2H_4	乙烯含量	float	16	Yes	
Createdate	采集时刻	date	8	No	

2. 信息融合处理表

信息融合处理表有 5 个字段，分别记录信息融合值记录编号、所关联表中所采集信息记录的编号、CPS 边缘节点编号、信息融合值和采集时刻。

主键：ID。

表名：Fusion。

表结构：见表 5-3。

表 5-3 信息融合值表

数据项名称	数据项定义	数据项类型	数据项长度	允许为空	备注
ID	信息融合值记录编号	int	4	No	设为外键
Sensor-ID	采集信息编号	int	4	No	
CPSID	CPS 边缘节点编号	int	4	No	
FV	信息融合值	float	16	No	
Createdate	采集时刻	date	8	No	

仓储实时信息被采集后在实时数据库中的存储方式如图 5-8 所示。

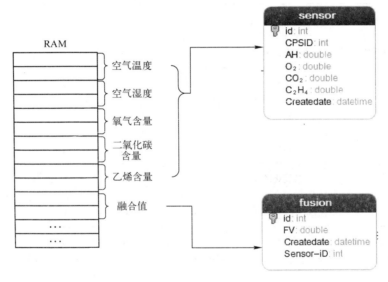

图 5-8 信息在实时数据库中的存储方式

仓储实时信息及经过信息融合后的融合值经过 T_1 周期后，其中 $T_1 = 10T$，即内存中存入 10 条实时数据后，转存至 Flash 存储器中。Flash 存储器中采用队列的数据结构，如图 5-9 所示，实现数据的"先进先出"。根据智能控制中心的指令可将 Flash 内所存储的信息上传至服务器，供用户访问。

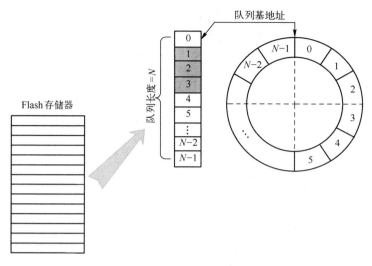

图 5-9 Flash 存储器数据结构图

5.4.2 CPS 边缘节点实时信息处理方法

仓储环境的监测范围广且监测内容多，需在监控区域内布置多个 CPS 边缘节点共同监测，以获取更为全面的仓储实时信息，可更准确地评估仓储环境状态。本节利用多个不同传感器来监测仓储环境相关信息，通过节点内多传感器的信息融合，判断节点监测区域的仓储环境安全状态。综合所有节点的监测状态结果，可获取整个仓储环境安全状态，根据状态结果采取相应的调节措施。

在仓储环境监控节点中，传感器模块由所有不同类型的传感器一起完成感知环境和实时信息采集的任务。在数据采集过程中，实时信息单独传输的方法在监控系统中十分不合适，会造成通信带宽和资源的大量浪费，降低效率并影响了信息实时性。在 CPS 边缘节点实时信息处理过程中，采用如图 5-10 的实时信息处理过程。

实时信息经过感知层获取后，经过边缘端预处理和数据融合，将形成更加符合实际应用需求的信息。再对实时信息进行存储和分发，由应用层对实时信息进行分析决策，由控制层发出控制命令并发送至执行机构。

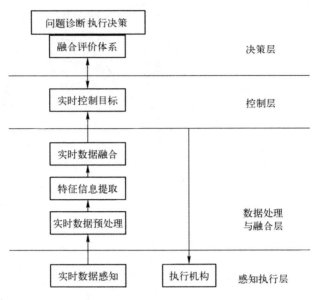

图 5-10　CPS 实时信息处理层次图

信息融合是 CPS 实时信息处理过程中重要的环节，可将冗余和无效的数据剔除，有利于系统做出有效的控制和可靠的决策。不同类型的信息进行融合处理的方式不同，不同层次的信息融合也需要具体分析。本节建立了基于 CPS 边缘节点的适合仓储环境监控的多传感器信息融合模型，如图 5-11 所示。

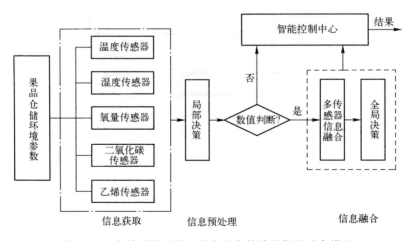

图 5-11　仓储环境监控节点中的多传感器信息融合模型

由图 5-11 可见，该融合模型主要有以下四部分构成：第一部分是信息获取部分，该部分由多个不同类型传感器构成，负责采集仓储环境的实时信息；第二部分是局部决策，即对获取的环境实时信息做预处理，将传感器采集值与预设阈值比较；第三部分是对经过局部决策后的传感器信息处理结果进行信息融合；第四部分是将局部决策和信息融合结果反馈到智能控制中心，通过分析结果判断 CPS 边缘节点监测区域内货物环境的安全状态。

5.4.3　CPS 边缘节点多传感器信息融合

1. 节点多传感器信息融合模型

多传感器信息预处理，是对传感器采集到的原始数据进行处理，属于局部决策。预处理即是根据预先设定的各个参数的安全范围，对测量数据进行判断。如果参数信息超出阈值，则向仓储环境控制中心发送相关预警信息。如果采集的参数信息出现突然跃变，则此数值属于坏值，将被剔除同时发出报警。

预处理后的信息依然是单一类型传感器的信息，在信息融合阶段需要把不同类型的传感器信息进行融合，根据计算后的融合值进行总体评估。但是不能用单一类型的信息直接做总体评估。模糊是指现实中的物体类别之间一般没有精确规定的界限，尤其在仓储环境安全监测中，经常会存在一些模糊问题，比如安全、较安全与危险之间的信息出现重叠或相互之间的界限不明显等，这些都会影响决策结果的准确性。将模糊理论应用于仓储环境监控系统中，在模糊综合评判技术的结构下，提出一种模糊信息融合模型，对多种不同类型的传感器数据进行融合处理，得到更全面的环境信息。

由图 5-12 可见，模糊数据融合是在各个传感器经过局部决策后的基础上，融合各个传感器的属性判别，最终可达到全局评判的结果。然后，将经过融合计算后的融合结果发送至智能控制中心，控制中心输出仓储环境实时状态评判结果，并根据结果下达相应的指令，控制相应的仓储环境设备调节环境状况。

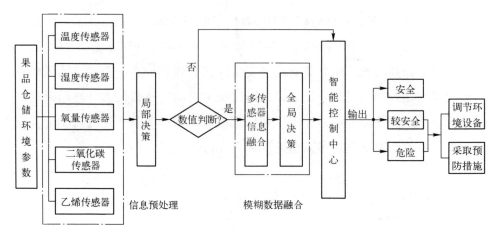

图 5-12 基于模糊理论的多节点传感器信息融合模型

2. 基于模糊理论的信息融合模型

模糊理论建立在模糊逻辑的基础上，主要概念包括了模糊集合及其隶属度函数、模糊算子和模糊关系，用来描述和处理人类思维与语言特有的模糊信息的理论。基于模糊理论建立节点多传感器信息融合模型如下。

（1）确定因素集

基于模糊综合评判的方法进行信息融合，首先要确定因素集。因素集是由影响仓储环境安全的各个因素组成的集合，一般都具有不同程度的模糊性，能综合地反映仓储环境的安全状况和程度。通过 5.4.2 节对仓储环境关键参数的分析，本节选取了主要的五个参数：空气温度、空气湿度、氧气含量、二氧化碳含量和乙烯含量作为模型中的环境指标因素，对不同种类的多传感器获取的实时信息进行融合，因此将多传感器作为因素集，则因素集 V 为

$$V=\{v_1/\text{传感器}1, v_2/\text{传感器}2, \cdots, v_n/\text{传感器}n\}$$

（2）确定评价集

评价集是仓储所有的环境状态为元素组成的集合。假设仓储环境安全的状态共有 m 种状态级别，那么评价集 U 为

$$U=\{u_1/\text{环境状态}1, u_2/\text{环境状态}2, \cdots, u_m/\text{环境状态}m\}$$

（3）确定隶属度函数

在模糊理论中，模拟人类的思想引入了隶属度的概念。隶属度用来衡量实物属于哪一论域的模糊程度，可通过建立合适的隶属函数来确定。隶属函数是模糊集的重要组成部分，是确立隶属度的关键，可利用隶属函数表示各个传感器对所反映的仓储环境信息状态的各个论域的隶属度。

在实际应用中，通常采用的方法是根据以往经验或者统计数据来确定，或者由专家小组直接给出。比较常见的确定隶属函数的方法主要有模糊统计方法、例证法、专家经验法和指派隶属函数法。

根据仓储环境自身的复杂性和模糊性，在模糊数据融合方法的隶属函数选择中，需要选择一种较容易实现且计算量不大的方法，因此选择了指派方法来确定隶属函数。该方法是一种主观方法，主要根据人们长期的实践经验来确定隶属函数，根据所要分析问题的性质，选用合适的模糊分布；根据实际中采集的数据，确定模糊分布的参数。

假如模糊集合是定义在实数域 R 上，则模糊集合的隶属函数就被称作模糊分布，实际中经常用到的模糊分布有以下几种：

1）矩形分布。矩形分布的隶属函数为

$$
\text{偏小型}: \mu_x = \begin{cases} 1, x \leqslant a \\ 0, x > a \end{cases}
$$

$$
\text{中间型}: \mu_x = \begin{cases} 1, a \leqslant x \leqslant b \\ 0, x < a \text{ 或 } x > b \end{cases} \tag{5-1}
$$

$$
\text{偏大型}: \mu_x = \begin{cases} 0, x < a \\ 1, x \geqslant a \end{cases}
$$

2）正态分布。正态分布的隶属度函数为

$$
\text{偏小型}: \mu_x = \begin{cases} 1, x \leqslant a \\ e^{-\left(\frac{x-a}{\delta}\right)^2}, x > a \end{cases}
$$

$$
\text{中间型}: \mu_x = e^{-\left(\frac{x-a}{\delta}\right)^2} \tag{5-2}
$$

$$
\text{偏大型}: \mu_x = \begin{cases} 0, x < a \\ 1 - e^{-\left(\frac{x-a}{\delta}\right)^2}, x \geqslant a \end{cases}
$$

3) Γ分布。Γ分布的隶属度函数为

$$偏小型:\mu_x = \begin{cases} 1, x \leq a \\ \exp[-k(x-a)], x>a, k>0 \end{cases}$$

$$中间型:\mu_x = \begin{cases} \exp[k(x-a)], x<a \\ 1, a \leq x \leq b, k>0 \\ \exp[-k(x-b)], x>b \end{cases} \quad (5-3)$$

$$偏大型:\mu_x = \begin{cases} 0, x \leq a \\ 1-\exp[-k(x-a)], x>a, k>0 \end{cases}$$

4) 梯形分布。梯形分布的隶属度函数为

$$偏小型:\mu_x = \begin{cases} 1, x \leq a \\ \dfrac{b-x}{a-x}, a<x<b \\ 0, x \geq b \end{cases}$$

$$中间型:\mu_x = \begin{cases} 0, x \leq a \\ \dfrac{x-a}{b-a}, a<x<b \\ 1, b \leq x \leq c \\ \dfrac{d-x}{d-c}, c<x<d \\ 0, x \geq d \end{cases}$$

$$偏大型:\mu_x = \begin{cases} 0, x \leq a \\ \dfrac{x-a}{b-a}, a<x<b \\ 1, x \geq b \end{cases} \quad (5-4)$$

5) 柯西分布。柯西分布的隶属度函数为

$$偏小型:\mu_x = \begin{cases} 1, x \leq a \\ \dfrac{1}{1+\alpha(x-a)^\beta}, x>a, \alpha, \beta>0 \end{cases}$$

$$中间型:\mu_x = \dfrac{1}{1+\alpha(x-a)^\beta}, \alpha>0, \beta \text{ 为正偶数} \quad (5-5)$$

$$偏大型:\mu_x = \begin{cases} 0, x \leq a \\ \dfrac{1}{1+\alpha(x-a)^{-\beta}}, x>a, \alpha, \beta>0 \end{cases}$$

在实际的应用中，往往要根据不同问题的特点，具体问题具体分析，选择合适的模糊分布函数。参考在其他环境监测中的使用，考虑到仓储本身的性质，选择柯西分布来确定隶属函数，即式（5-5）。三种类型的隶属函数分别对应仓储环境安全中的"安全""较安全"和"危险"三种状态。

(4) 构造模糊关系矩阵

本系统中，根据选取的柯西模糊分布的隶属函数，确定不同类型传感器 $v_i(i=1,2,3,\cdots,n)$ 对环境状态 $u_j(j=1,2,3,\cdots,m)$ 的隶属度为 r_{ij}，由隶属度值构造模糊关系矩阵 $\boldsymbol{R}=(r_{ij})_{n\times m}$ 如下：

$$\boldsymbol{R}=\begin{pmatrix} r_{11} & r_{12} & \cdots & r_{1m} \\ r_{21} & r_{22} & \cdots & r_{2m} \\ \vdots & \vdots & & \vdots \\ r_{n1} & r_{n2} & \cdots & r_{nm} \end{pmatrix}$$

(5) 确定多传感器的权重

权重反映了某一指标影响因素对被评价对象的贡献量的大小，是指标影响因素在被评价对象中所占价值地位的系数。也就是说，权重是表示重要度的量化数值。在仓储环境安全监测过程中，不同的传感器对环境安全状态的评估程度也不相同，需确定不同传感器的权重。

权重的确定方法有很多，常见的有专家打分法、调查统计法、模糊聚类分析方法、层次分析法（Analytic Hierarchy Process，AHP）、德尔菲法（Delphi）等。层次分析法可实现用较少的定量信息对人的主观判断做出定量描述，方法简单、系统，适用于解决多目标、多因素、多准则及难以量化的大型复杂决策问题。本系统选取层次分析法确定节点中多传感器的权重值。

层次分析法中确定相对重要度的关键就是构造判断矩阵。各个准则在目标衡量中所占的比重不同，根据各层中不同因素或评价指标的相对重要度，引入合适标度进行量化，将量化后的数值以矩阵的形式表示即构造出了判断矩阵。

矩阵中的各个数值表示某一层的因素或评价指标针对上一层某个因素或评价指标的相对重要度。假设某一准则层下有 n 个评价指标与上一层评价指标相关：$x_1, x_2, \cdots, x_n$，这 n 个评价指标关于上一层的某一准则的重要性进行两两比较判断，得到矩阵 $\boldsymbol{C}$。

$$\boldsymbol{C} = \begin{pmatrix} c_{11} & c_{12} & \cdots & c_{1n} \\ c_{21} & c_{22} & \cdots & c_{2n} \\ \vdots & \vdots & & \vdots \\ c_{n1} & c_{n2} & \cdots & c_{nn} \end{pmatrix} \tag{5-6}$$

矩阵中的 c_{ij} 表示评价指标 x_i 与指标 x_j 的重要度之比。通常采用 1~9 比例标度方法，用 1、3、5、7、9 来表示评价指标 x_i 与指标 x_j 相比等量重要、稍微重要、明显重要、极其重要和强烈重要，而介于上述重要标度之间的情况则用数值 2、4、6、8 来表示，倒数则表示相反的情况，即 $c_{ji} = 1/c_{ij}$；$a_{ii} = 1$；$i, j = 1, 2, \cdots, n$，具体见表 5-4。

表 5-4　比例标度法

标　度	含　义
1	i 因素与 j 因素具有同样的重要性
3	i 因素比 j 因素稍重要
5	i 因素比 j 因素明显重要
7	i 因素比 j 因素极其重要
9	i 因素比 j 因素强烈重要
2、4、6、8	表示上述相邻判断的中间值

倒数：若 j 因素与 i 因素比较，得到的判断值为 $1/c_{ij}$，$c_{ii} = 1$

（6）确定相对权重向量

运用层次分析法计算权重向量的常用方法有几何平均法、算数平均法、特征向量法和最小二乘法。根据构造出来的判断矩阵 $\boldsymbol{C}$，可得出各

个评价指标的相对权重系数 w_i，对于矩阵 C 来说，一定存在向量 W，使得

$$CW = \lambda W \tag{5-7}$$

式中，λ 是 C_{nn} 的特征值，向量 W 则是与特征值对应的特征向量。求矩阵 C 对应于最大特征值 $\lambda_{\max}$ 的特征向量 W，经过归一化处理即可得到同一层次的各个指标相对上一层的某个指标的相对权重。实际应用中，通常采用求和法或求根法来获取特征值的相近值，进而获取权重向量 W。本节采用求和法，具体计算步骤如下：

1）对矩阵 C 中的每一列归一化处理得

$$\widetilde{w}_{ij} = \frac{c_{ij}}{\sum_{i=1}^{n} c_{ij}}, \quad i,j = 1,2,\cdots,n \tag{5-8}$$

2）对 $\widetilde{w}_{ij}$ 按行求和得

$$\widetilde{w}_i = \sum_{j=1}^{n} \widetilde{w}_{ij}, \quad i,j = 1,2,\cdots,n \tag{5-9}$$

3）将 $\widetilde{w}_i$ 归一化得

$$w_i = \frac{\widetilde{w}_i}{\sum_{i=1}^{n} \widetilde{w}_i} \tag{5-10}$$

从而得权重向量 W：$W = (w_1, w_2, \cdots, w_n)^{\mathrm{T}}$。

（7）一致性检验

构造判断矩阵的方法虽可有效地降低其他因素的影响，能够比较客观地反映出不同因素对结果评价的影响程度的差别，但在实际评价中，综合最后的全部比较结果时，评价者只能进行粗略判断，很可能会出现非一致性情况。为避免出现非一致的情况，需要对判断矩阵进行一致性检验。

（8）选取合成算子

因素模糊评价从单个因素出发说明了某一个因素对评价结果的影响，依然不能得出准确而客观的评价结果。所以，必须引入综合评价集，全面考虑与被评价对象相关的所有因素的影响。

(9) 分析合成运算结果

基于模糊理论的数据融合合成运算结果是仓储环境 CPS 边缘节点中的传感器所测环境参数对各个环境状态等级的隶属度,它是一个模糊向量,而不是单一数值。通过确定的评判规则对计算得出的融合值进行评判,能准确判断出目前仓储环境的安全状态级别。常用的判定规则有最大隶属度规则和加权平均规则。最大隶属度原则常用来对总体的状态级别做评价,加权平均规则常用来得出基于不同状态级别的相对大小排序。在实际应用中,通常根据所要评价的对象及目的,选取适合的判定规则。通过对实时信息进行融合,最终得出整个仓储环境的安全状态。

5.5 上位数据可视化

5.5.1 上位机软件的设计

本系统采用 C#编程语言来完成上位机的功能需求,主体设计思路是,当上位机软件 Datacenter 上电后,建立 TCP 服务器并准备好 USB 以等待 CPS 边缘节点的连接,TCP 服务器用来为 CPS 边缘节点以以太网方式或 Wi-Fi 方式接入做好准备。当 Datacenter 检测到有即插即用的 CPS 边缘节点连入时,软件将与节点建立通信通道,此时节点主动将自身监测到的数据打包进行上传,同时 Datacenter 将数据包进行解码并在自身相应的显示区域显示相关信息,数据发送与显示这一过程是循环执行的,以达到在 Datacenter 中实时显示监测信息的目的。该软件的流程图如图 5-13 所示。

该软件依据主体设计思路进行编程开发,即 Datacenter 循环访问是否有 CPS 边缘节点连入,如果检测到有节点连入,将确定连接方式并在软件已连接节点类型及编号显示区进行显示,在建立连接的同时,CPS 边缘节点会把实时监测到的传感器信息进行打包并主动发送至 Datacenter 数据库中,Datacenter 会进行解码并实时在相应的显示区显示传感器数据,用户可以通过手动点击按钮操作，刷新传感器的数据、状态、参数。此时如果用户需要对 CPS 边缘节点内的某些参数进行修改，如时钟信息、数字输出接口参数等，可在 Datacenter 设定区域内进行实时更改，更改完毕还可以在显示区验证相应的参数是否已经被更改。

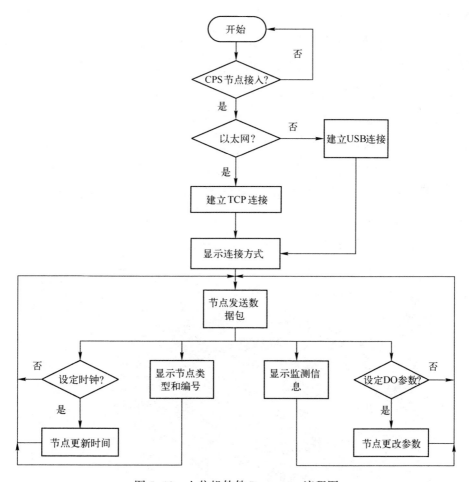

图 5-13　上位机软件 Datacenter 流程图

5.5.2　上位机软件的测试

上位机软件编写完成后，使用仓储环境 CPS 边缘节点对其功能进行测试。

本测试 CPS 边缘节点使用 5 V 电源供电，与 PC 使用 Mini USB 通信方式，连接完成后 Datacenter 主界面传感器类型与编号区域显示相应的 CPS 边缘节点信息，且该节点主动向上位机发送数据包，其中包括温湿度传感器采集到的温湿度信息、光照传感器采集到的当前的光照度信息，以及一氧化碳传感器采集到的节点周围环境的一氧化碳浓度信息。

CPS 边缘节点上电后将自动采集模拟通道、数字 UART、I^{2}C、DI 通道的数据，经设定的矫正公式计算结果，按照设定的传输间隔将数据通过通信通道发送给上位机，通信通道可以为 USB、以太网、RS485 等方式建立，任一种通道建立起来后，控制板将与数据服务器进行通信，数据通信的格式均一致。默认工作方式下，USB 使用 HID 方式进行连接，在此方式下，用户无需在 PC 端安装驱动程序，即插即用。以太网模式下，CPS 边缘节点将工作于 TCP 方式，该节点作为 Client 主动连接服务器。默认连接服务器地址为 192.168.1.250，端口为 5000。

在本测试中，CPS 边缘节点与 PC 端的连接方式如图 5-14 所示。

图 5-14　CPS 边缘节点与 PC 端连接

连接完成后，Datacenter 显示情况如图 5-15 所示，由图中可知，节点与上位机当前连接方式为 USB，本系统设定的 USB 使用 HID 方式，该软件即在已连接的 CPS 边缘节点类型和编号显示区显示 CO_0001，表示当前连接的

CPS 边缘节点为一氧化碳气体传感器 CPS 边缘节点，而且还可以知道当前环境的温度为 28.87℃，湿度为 30.84%，光照度为 295lx，一氧化碳浓度为 5PPM，在最右端还可以看出主板编号、传感器编号、数据传输间隔、最后传输时间以及拨码开关和数字输入/输出等相关信息。

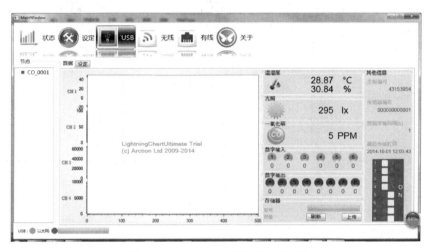

图 5-15　Datacenter 显示信息界面

由于该节点的时间不对，可使用节点实时时钟设定功能，对节点进行时间的设定，如图 5-16 所示，未设定时间之前显示测试前时间为 2014-10-1 12:09:46。

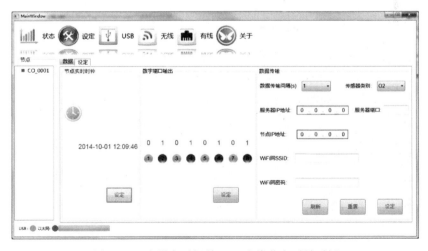

图 5-16　未设定时间前 CPS 边缘节点时钟时间

可将其设定为测试时的时间,即 2015-11-09 06:53:27,如图 5-17 所示。

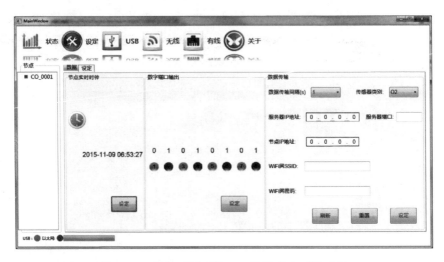

图 5-17　设定时间后的 CPS 边缘节点时钟时间

此外,该程序还可以通过以太网、Wi-Fi 等方式与节点进行连接,同时还可以同时连接多个传感器,也可实时显示当前温湿度、光照度和一氧化碳浓度等参数的变化。通过测试可知,上位机软件 Datacenter 可以完成显示数据、设定参数等简单的功能,当然,还有一些功能需要在以后的工作中进行开发。

5.6　总结

仓储环境是仓储管理中不可忽略的内容,仓储作业过程中可能会出现各种各样的安全问题,如仓储设备的倾斜、抖动与翻转会对仓储人员和货物的安全带来严重的影响;仓储环境中还可能会有货物化学反应产生的各种易燃或有毒的气体,如果处理不当会发生很严重的后果,因此对仓储环境进行实时监控具有重大的意义。

仓储监控具有很长的历史,随着技术的发展,仓储监控的手段也在不断地改进,从最早期的人工监测到使用有线方式布置监测节点,再到设计无线方式的监测节点。随着现代仓储的发展，仓储环境监控系统需要监测的参数越来越多，计算量也越来越大，监测节点开始出现通信拥堵、数据处理不及时导致监控失效等问题。针对此类问题，本章将CPS应用到仓储环境监控中，并应用边缘计算和信息融合技术，解决多源数据采集、异构数据融合、异源异构数据本地化处理、海量数据实时传输等痛点问题，实现系统的分级分层计算，减小通信的压力，增强系统的实时性。

分布式仓储环境CPS系统实现了仓储现场环境和设备运行环境与状态的实时上传与状态展示，并应用边缘计算、信息融合等技术提高数据传输的实时性，大大降低了用户定期点检和预防性维护的工作量。基于大数据、人工智能等新一代信息通信技术的数据开发利用能力，将是仓库数字化、网络化、智能化管理的核心，大型仓库可根据实际需求，建立适用于典型应用场景的数据模型和机理模型，如预警模型、健康评估模型等，实现货物和关键设备的健康预警和预测性维护。

第6章 安全预警与健康评估

本章介绍仓储安全的含义、保障仓储环境安全的意义和措施，给出仓储环境健康评估的方法和技术手段，总结实时在线评估和离线综合评估的系统架构和实现方法，最后介绍健康评估模型及几种典型仓储环境监控系统中健康评估的应用。通过仓储环境监控系统进行环境健康评估，根据环境情况及时预警、报警，可有效地保障仓储安全。

6.1 仓储安全的含义

6.1.1 仓储安全的基本概念

仓储安全不仅是从仓库货物移动流程出发来控制安全事故的发生，同时还要重视改善库存货物的物理性能和化学性能以及对存储保管条件的要求，从而使其符合货物安全存放和安全作业的要求。除此之外，仓储还有必要配备和应用相应的劳动防护设备和制定仓储应急事故自救措施，来保障仓库的安全。

仓储安全是保证仓储正常高效工作的前提，是仓储管理中不可忽略的内容，涉及仓库中的人员安全、物料安全、作业安全、设备安全甚至仓储信息安全等方方面面的内容。仓库是储存物资的场所，仓储则是利用仓库存放、储存未及时使用物品的行为，不仅包含静态的物品储存，也包含动态的物品存取、保管以及控制的过程。按照不同的标准，仓库有不同的分类方法。按存储货物的特性分类，仓库可分为原料库、成品库/半成品库、冷藏仓库、恒温仓库、危险品库、水面仓库等类型；按仓库的物理结构来划分，仓库可分为单层仓库、多层仓库、立体仓库、筒仓、球形仓、露天堆场等类型。不论什么类型的仓库中，仓储环境不仅对存储物品的特性和质量有影响，而且对仓储安全也有很重要的影响。

产生仓储安全隐患的原因很多，有存储物质性质的因素，也有外部环境和管理因素。仓储作业过程中可能会出现各种各样的安全问题，如仓储设备的倾斜、抖动与翻转会对仓储人员和仓储货物的安全带来严重的影响；仓库中存储的对温度敏感的货物保存不当会发生变质，严重的可能会引起火灾；仓储环境中还可能会有各种易燃或有毒的气体，如果发现不及时将会导致很严重的后果。因此对仓储环境和设备进行实时监控是很有必要的。

6.1.2 仓储安全管理

仓储安全是一个企业赖以生存的基本条件，在现代物流业和计算机技术大力发展的环境下，采用智能化技术进行安全管理是有效保障仓储安全的必要手段。仓储安全管理包括仓储人员安全管理、仓储作业安全管理、仓储设备安全管理和仓储环境安全管理，各个方面相互影响，联系紧密。仓储环境的变化对仓库中存储货物的品质和寿命有很大的影响，同时也影响仓库中作业设备和作业人员的安全；仓库中作业设备的健康状况决定了仓储作业能力，同时也影响仓库中作业设备和作业人员的安全。

仓储环境安全管理是仓储安全管理的重要内容之一，其直接影响着存储货物的质量和状态，同时部分存储货物自身特性也作用于仓储环境。因此，仓储安全管理中应对仓储环境进行有效的监控，保障仓储系统的安全。仓储环境是一个复杂的整体，不同的环境参数对仓储物品的影响不同，相同的环境因素对不同的存储货物的影响也不一样。在仓储环境安全管理过程中，实时地对仓储环境进行监控，可直接明了地掌握仓储现场情况，当出现危险预警便于及时做出决策和控制。仓储环境直接影响存储货物的质量和使用寿命，尤其是一些对环境因素例如空气温湿度、气体浓度及空气干净度等敏感的物品。针对不同存储货物的特性选取合适的环境参数,实时地对仓储环境进行监控,营造适宜的存储环境保证货物的质量,有效地保持货物的新鲜完整度,能够避免资源浪费,大大节约成本,有利于提高物流企业的整体效益。

在现代工业生产大力发展的推动下,对仓储技术有了更高的要求,需要仓储可以做到更加实时可靠和准确有效。目前,计算机技术和无线传感技术的迅速发展对仓储技术智能化发展起了极大的推动作用。仓储环境监控系统是防范仓储环境安全事故发生的重要技术手段。尤其是基于无线传感器网络的仓储环境监控系统能够有效地解决现场布线复杂、扩展性差、管理和维护成本高等诸多问题,其系统架构如图6-1所示。仓储环境监控系统包括数据采集单元、数据传输单元、数据存储与处理单元及数据显示单元。

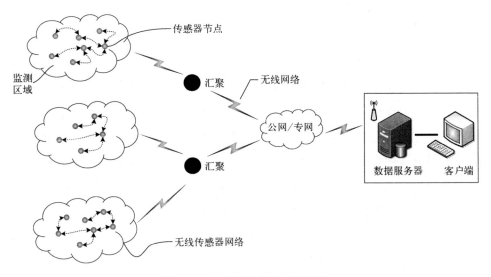

图6-1 仓储环境监控系统架构

仓储环境监控系统对仓储环境的关键参数进行实时监控,不仅能保证对该参数比较敏感的货物在适宜的环境中保存,还能保证仓储作业的环境安全,避免不必要的损失,广泛用于粮仓、危险货品仓库、烟草仓库、纺织品仓库及名贵物品仓库等。

6.2 健康评估与预警、报警

6.2.1 健康评估基本概念

故障预测和健康管理（Prognostics and Health Management，PHM）的概念是1998年美国最早提出的。美国当时对军用设备进行故障预测与健康管理，比如对军用飞机状态进行监测、发动机的健康状态管理、对航天器进行健康管理，开发了集成健康管理系统。随着该技术的成功应用，PHM技术受到了越来越多的关注。在国内健康管理的概念发展比较晚，但目前我国在该领域的研究也取得颇多成果。设备健康状态是从人的健康状态发展而来的概念，健康管理最早在军用、民航、航天等领域应用比较广泛，随着科学技术和工业技术的快速发展，在各行各业都开始使用机械代替人工，都开始关注设备的故障预测与健康管理，比如电力设备、动车设备、地铁、工业制造设备、物流设备等。从当前发展来看，对各种设备进行健康管理可以很好地解决设备故障、设备维修等问题。

PHM技术主要是通过现代信息传感技术和人工智能分析技术来诊断设备当前的健康状态。广义上，健康评估技术是指应用当前设备或部件的运行状态数据进行健康分析。从健康评估结果可以看出系统的健康程度，判断是否可能存在或将要发生故障或危险。简单的健康评估技术即单一利用当前的状态数据进行评估。在仓储作业过程中，仓储环境不仅和仓储货物的安全息息相关，也影响着仓储作业人员的安全。目前，我国对仓储环境健康状态的研究尚少。借鉴健康评估在其他方面的应用，可对仓储环境健康状况进行评估。根据评估的结果，判断当前仓储环境的健康状况，从而采取有效措施，保障仓储系统整体安全。

仓储环境健康状态评估过程大致包括以下两点：首先是数据的采集过程，主要是通过在监控区域部署传感器节点，采集表征环境状态的指标参数，还有人工的测量数据、历史数据等；其次利用各种评估算法对所需要的数据进行综合分析，从而判断仓储环境的健康状况。

6.2.2 预警

预警是指在灾害或灾难以及其他需要提防的危险发生之前，根据以往总结的规律或观测得到的可能性前兆，向监控部门发出紧急信号，报告危险情况，以避免危害在不知情或准备不足的情况下发生，从而最大限度地减轻危害所造成的损失的行为。仓储环境安全预警即对各仓储环境参数进行监控，通过设定各环境参数正常阈值范围，对当前环境参数进行监测与对比判断，及时将异常值信号由监测节点上传至监控中心，以及时采取措施避免危险发生。

仓储环境安全预警系统是仓储环境安全监控系统子系统之一，仓储环境安全预警系统是为了在仓储环境发生危险之前进行报警，并及时采取有效措施对周围环境进行调控的一种工具。该系统通常由监测节点、分析软件和联动设备组成。在仓储环境监控系统中，常采用多传感器采集信息，以准确获得环境参数特征并把握各参数变化趋势，从而做到有效预警。在进行分析预警时，可通过高效的多源信息融合技术保证各环境参数变化的准确性，并通过对数据库中的历史数据进行趋势分析，以此为基础对所监测区域的环境健康状况做出分析预测，提供给仓库工作人员准确的信息和决策的依据，提高管理效率和仓储安全性。

6.2.3 报警

报警通常是指灾害或灾难以及其他需要提防的危险发生时，向监控部门或管理人员发出强烈警示作用的紧急信号，以报告危险情况，从而采取措施制止或最大限度减少损失的行为。在常见的报警系统中，报警探测器是关键，由传感器和信号处理单元组成，用来探测危险状态或入侵行为等。其中，传感器又是报警探测器的核心元件。采用不同原理的传感器件，可以构成不同种类、不同用途，不同探测目的的报警探测装置。

在仓储环境监控系统中，由监测节点负责采集温度、湿度等环境参数信息，将采集到的各参数信息进行数据预处理得到可直接使用的数字信号，分别与各自设定的预警阈值相比，若测量值没有超过预警阈值，则不报警，继续监控仓储环境；若测量值超过预警阈值，则报警，并同时通知仓库工作人员。实时地对仓储环境进行监控，促进仓储管理系统的升级，优化仓储环境，保障货品安全仓储，避免造成浪费和不必要的经济损失。

6.3 健康评估方法

6.3.1 仓储健康评估的含义

仓储健康评估主要是在有关健康评估理论的基础上，结合仓储的特性逐渐发展起来的。即通过运用一定的方法和原理，来定性或定量分析仓储运营过程中可能存在的安全风险和有害因素。通过健康评估结果显示的存在的各潜在安全事故的危险程度，能够找出需要着重关注的安全隐患，从而有针对性地选择适用于该仓储的防范事故发生的解决方案或安全管理决策。健康评估要做到全面、科学，能够对评估对象系统各方面综合考虑。

仓储环境健康评估与仓储环境监控手段密切相关。传统的仓储环境监控方式大多依靠人工，采用人工定点巡检的方式。人工定点巡检即由技术人员或仓库管理人员定时或不定时查看并记录仓库的环境参数值，如发现异常情况则采取相应的调节措施，以此完成仓储环境健康的简单评估。随着科学技术的发展，基于有线的连续在线监控方法在仓储环境监控中开始应用。其主要是利用传感器直接采集环境参数值，然后将采集到的数据通过有线通信方式发送到监控中心，通过数据分析处理评估仓储环境，实现对环境的监控管理。此种方式较人工方式更加稳定和可靠，能够提供实时的监测数据。但是有线的方式布线较为复杂，监测节点的可移动性较差，不易扩展。

目前，基于无线通信技术的仓储环境监控是国内外的研究热点，特别是基于无线传感器网络的仓储环境监控系统研究。这种方式克服了有线监控方式布线复杂及可移动性差的缺点，可以对仓储环境进行多方位多参数的监控，提高了仓储环境监控的有效性和实时性。此外，信息融合技术应用非常广泛，在故障诊断系统和状态监测及健康评估系统中也多有应用。它主要是将多传感器采集到的多特征参数信息进行检测、相关、组合和估计，保留有用信息、剔除错误信息、监测冗余信息，以保证系统的可靠性，实现最终的信息优化，获取更符合用户需求的内容。经过信息融合技术处理过的数据，更人性化、适用性更强、对问题的定位和状态的估计准确性和可靠性更高。

6.3.2 仓储健康评估的方法

仓储环境健康评估所研究的内容主要是以监测的实时数据和历史数据为基础，结合仓储货物特性、仓储性质、危险状态数据等综合评估环境健康状态，最终得出评估结果，并据此制定仓储环境调整策略，这种环境健康状态评估方法已经在实际中有很多应用。仓储环境评估主要包含五个部分，即识别仓储环境存在的各种危险因素、确定仓储环境健康评估指标、仓储环境健康评估指标权重赋值、构建仓储环境健康评估模型、求解健康评估模型，流程如下：

1）识别仓储环境存在的各种危险因素。客观正确地识别仓储环境中的危险因素，且各个危险因素具有一定的独立性。

2）确定仓储环境健康评估指标。建立仓储环境健康评估指标体系，且准确无误地确定影响仓储环境健康的关键指标及次要指标的从属关系。

3）仓储环境健康评估指标权重赋值。各个仓储环境健康评估指标权重的赋值是根据该指标对仓储安全水平影响的大小来确定的。

4）仓储环境健康评估指标值的确定。有三种确定仓储环境健康评估指标值的方法，即定性、定量以及定性与定量相结合。

5）构造并求解仓储环境健康评估模型。仓储环境健康评估模型的构造和求解是根据被评价仓储实际具体的健康评估指标和健康指标体系，有针对性地运用恰当的数学方法。

对不同仓储环境，应该选取不同的指标参数来评估其健康状态，监测这些指标参数的技术也成为研究的重点。传感器技术和计算机技术的发展，为环境健康状态监测研究提供了更高效、便捷的技术手段。环境健康状态监测流程包括数据采集、数据传输、数据分析和预警报警等几大块，如图6-2所示。

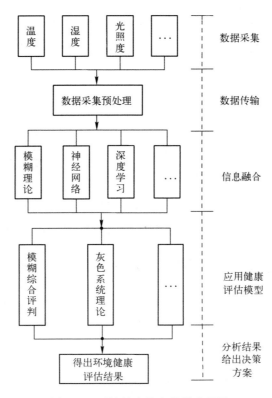

图6-2 环境健康状态监测流程图

6.4 实时在线评估

仓储环境的监测范围广且监测内容多，需在监控区域内布置多个监测节点共同完成，以获取更为全面的仓储环境实时信息，可更准确地评估仓储环境健康状态。在仓储环境监控系统中，利用多个不同传感器来监测仓储环境相关信息，通过多传感器的信息融合，判断监测区域的仓储环境健康状态，根据评估结果采取相应的调节措施。

6.4.1 仓储环境监控系统层次结构

仓储环境监控系统可采用总线型拓扑结构，应用分层控制模式，自上而下分别是远程访问与数据应用层、网络层、感知层，其构架与层次图如图6-3所示。

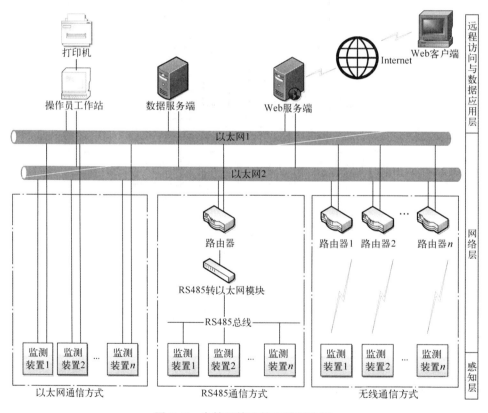

图6-3 仓储环境监控系统层次图

感知层主要负责采集温度、湿度、光照度等环境参数信息,将采集到的各参数信息进行数据预处理得到可直接使用的数字信号,分别与各自设定的预警阈值相比,若没有超过预警阈值,则不报警,继续监控储存环境;否则报警。

网络层是整个系统的"神经中枢",是联系感知层和远程访问与数据应用层的枢纽,主要负责处理并相互传递信号。

远程访问与数据应用层主要负责对数据进行接收、处理、保存、读取,对环境监测装置报警阶段的数据进行综合评判,做出相应的决策,实现数据可视化和远程查看,并通过设备调控环境以保证仓储安全。

正如图6-3所示,仓储环境监控系统通过使用大量分布式监测装置采集环境参数信息,对仓储环境进行实时监控。远程访问与数据应用层将收集到的数据、反映环境状态的实时曲线和报警评判结果上传至Web服务器,不在现场的管理人员可以通过手机、计算机等移动Web客户端登录查询,以随时了解仓储环境健康状况。监测节点装置是仓储环境监控系统的基本单元,远程访问与数据应用层是系统的核心控制端,是整个系统稳定运行的基础。

6.4.2 仓储环境实时在线评估模型

仓储环境监控系统可以实现多参数、多空间、全方位的仓储环境状态实时监控,主要由感知物理世界的监测节点装置、上传下达的通信网络和可远程访问的智能监控中心组成。它们的工作模式是一个循环的过程,监控中心通过通信网络给监测节点发送命令,监测节点收到命令后分析命令、执行命令,之后将监控中心所需信息通过通信网络传回给监控中心,监控中心收到信息后进行信息处理、绘图、分析、评判、可视化等一系列操作,又根据这些分析结果给监测节点下达符合实际需求的命令,如此往复,最终实现仓储环境实时监控。其中,监测节点装置设计了实时时钟模块,可以记录装置采集数据时间,以保证采集到的数据的实时性、有效性和可追溯性。通信网络可采用以太网双冗余结构和三种通信方式,包括无线、

RS485 通信和以太网通信，以保证其中某一种通信网络出现故障时系统可继续正常运行。在控制中心设置了 Web 服务器，当其生成一系列结果时，远程的移动客户端可同步在线查看结果，方便不在场的人员随时了解仓储环境状态。

在仓储环境监控系统中，传感器模块由所有不同类型的传感器一起完成感知环境和实时信息采集的任务。在数据采集过程中，实时信息单独传输的方法在监控系统中十分不合适，会造成通信带宽和资源的大量浪费，降低效率并影响信息实时性。为了提高信息传输和处理效率，可采用如图 6-4 所示的实时信息处理过程。

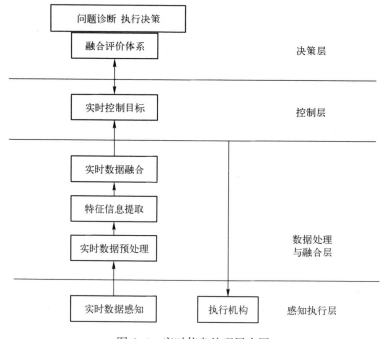

图 6-4 实时信息处理层次图

实时信息经过感知层获取后，经过预处理和数据融合，将形成更加符合实际应用需求的信息。再对实时信息进行存储和分发，由应用层对实时信息进行分析决策，由控制层发出控制命令并发送至执行机构。

信息融合是实时信息处理过程中重要的环节，可将冗余和无效的数据剔除，有利于系统做出有效的控制和可靠的决策。不同类型的信息进行融合处理的方式不同，不同层次的信息融合也需要具体分析。适用于仓储环境监控系统的多传感器信息融合模型如图6-5所示。

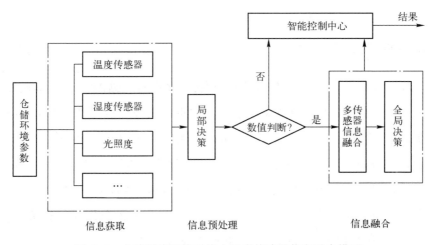

图6-5 仓储环境监控系统中的多传感器信息融合模型

该融合模型主要有以下四部分构成：第一部分是信息获取部分，该部分由多个不同类型传感器构成，负责采集仓储环境的实时信息；第二部分是局部决策，即对获取的环境实时信息做预处理，将传感器采集值与预设阈值比较；第三部分是对经过局部决策后的传感器信息处理结果进行信息融合；第四部分是将局部决策和信息融合结果反馈到智能控制中心，通过分析结果评估监测区域内仓储环境的健康状态。

6.5 离线综合评估

基于数据的分析方法在在线分析和离线分析中均有应用。仓储环境监控系统实时采集环境参数信息，定期将采集的信息转存到离线数据库中，大量历史数据的积累为仓储环境健康状况的评估提供了数据来源和基础，即可以在部署设置好的集群平台上分析数据。

6.5.1 Hadoop 安装部署

1. 硬件环境介绍

该数据分析平台主要是面向处理仓储环境监测数据的一个分布式环境，能满足分布式数据分析的基本要求。因此数据分析环境选择基于 Hadoop 的小型分布式集群。Hadoop 需要在多个 Linux 系统的节点上进行部署，在每个节点上安装 Hadoop 环境需要对其配置文件进行修改，以满足其分布式需要。以 4 台 PC 部署 Hadoop 环境为例，分别命名为 Node1~Node4。使用 Node1 作为主节点，即 Master 节点，剩下的 Node2~Node4 一共 3 个作为数据节点，即 Slave 节点。因此本分布式环境节点 IP 配置见表 6-1。

表 6-1 节点 IP 配置表

节点名称	节点 IP	节点功能
Node1	192.168.1.10	管理文件系统名称空间和控制外部客户机的访问
Node2	192.168.1.11	响应 namenode 的命令，存储数据
Node3	192.168.1.12	响应 namenode 的命令，存储数据
Node4	192.168.1.13	响应 namenode 的命令，存储数据

根据上述所确定的集群的 IP 配置，其网络拓扑结构如图 6-6 所示。

2. 软件环境介绍

Hadoop 的运行模式包括单机模式、伪分布式和完全分布式。前两种方式一般用于本地开发，并且没有分布式文件系统，大多数单机模式都是为了开发 MapReduce 程序。本章所部署的分布式集群是采用完全分布式的运行模式，由 4 台 PC 组成，选择其中一台主机作为 HDFS 和 MapReduce 的 Master 主节点。一般主节点用来管理分布式系统元数据和任务调度，从节点主要负责数据存储和分布式计算任务。选择 3 个节点作为 Slave 工作节点，具体所需要的软件见表 6-2。

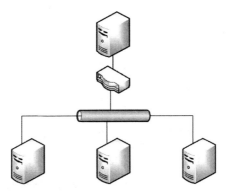

图 6-6　集群的网络拓扑结构

表 6-2　软件环境介绍

软件类型	软件版本	软件简介
操作系统	Ubuntu 16.10	Ubuntu 是以桌面应用为主的开源 GNU/Linux 操作系统
Hadoop	hadoop-2.7.1	大数据可靠的分布式处理的可扩展开源软件框架
Java 开发环境	jdk1.7.0_80.gz	Java 的开发和运行环境，为 MapReduce 编程框架提供底层支持

3. Java 环境安装及配置

Hadoop 运行环境需要 Java 环境，因此需要为每个节点安装 Java 运行环境，即 JDK7。在 Linux 操作系统中上传 jdk1.7.0_80.gz 到 /usr/local/Java 目录下，若无 Java 目录则要先创建，其他步骤如下：

1）进入 Java 目录，需要执行命令 #cd/usr/local、Java。

2）安装 JDK7 程序，在命令终端键入 #tar-zxvf jdk1.7.0_80.gz.tar.gz。

3）配置 Java 环境变量，执行命令 #vi/etc/profile，这里需要对 JAVA_HOME 和 CLASSPATH 进行配置，这两个路径是用来调用 Java 运行程序的，具体配置内容如下：

  export JAVA_HOME=/usr/local/Java/jdk1.7.0_80

  export CLASSPATH=\${JAVA_HOME}/lib

  配置完成后需要对配置文件进行生效处理，所以需要执行命令#source/ect/profile。

4. 配置 Host 文件

  Host 文件主要是用来配置主机的域名系统服务器信息，各节点通过其映射方式在集群间进行互相访问，其记录的是局域网内各个主机名和 IP 地址的对应关系。根据每个节点的 IP 配置情况，配置 IP 地址与主机名映射关系。首先需要对主机进行主机名修改，执行命令#hostname <机器名>，之后需要对 network 文件进行配置，执行命令#vi/etc/sysconfig/network，在文件里写入 HOSTNAME=<机器名>，然后对节点进行重启，使刚才的文件生效。在 Host 文件里需要把 IP 地址与主机名进行映射，执行命令#vi/etc/hosts，把 IP 地址与主机名写入其中，具体内容如下：

  192.168.1.10 Node1

  192.168.1.11 Node2

  192.168.1.12 Node3

  192.168.1.13 Node4

5. 配置节点间 SSH 免密钥登录

  分布式环境在其运行过程中需要与其他主机节点进行数据交换和存储任务，Hadoop 守护进程需要远端管理，启动 Hadoop 后，在终端命令处可以直接通过 SSH Data Node 地址来进行无密码登录，可以对 Data Node 上的各种守护进程和服务进行启动和停止操作，还可以修改其配置文件。同样的原理，从节点上也需要配置 SSH，这样就可以无密码登录到主节点上进行相关命令操作。具体配置如下：

  1）在集群节点上生成 SSH 密钥文件，执行命令#ssh-keygen-b 1024-t rsa，会在~/.ssh/目录下生成两个密钥文件 id_rsa 和 id_rsa.pub。

2）将主节点上的密钥文件复制到各个从节点上，执行命令#scp id_rsa.pub root@<各从节点的 IP>:/usr/local。

3）在从节点上，进入 local 目录把 id_rsa.pub 权限授权给 key 文件，执行命令#cat id_rsa.pub>>/root/.ssh/authorized_keys。通过上述配置后，主节点就和从节点就可以互相免密钥登录，直接用 SSH<节点名称>便可以登录。

6. 在主节点上安装 Hadoop

在主节点上安装 Hadoop 用到的 Hadoop 版本是 2.7.1 版本。

1）首先把安装文件 hadoop-2.7.1.tar.gz 上传到 local 目录，解压并安装文件，执行如下几个命令：

```
#cd /usr/local
#tar -zxvf hadoop-2.7.1.tar.gz
```

2）修改/etc/profile 文件，执行命令#vi /etc/profile，打开文件后在文件里添加如下代码：

```
export JAVA_HOME=/usr/local/Java/jdk1.7.0_80
export HADOOP_HOME=/usr/local/hadoop-2.7.1
export PATH=$JAVA_HOME/bin:$PATH::$HADOOP_HOME/bin
```

3）修改 Hadoop 的属性文件 conf/Hadoop-env.sh，打开文件后在文件末尾加入如下代码：

```
export JAVA_HOME=/usr/local/Java/jdk1.7.0_80
export HADOOP_CONF_DIR=${HADOOP_CONF_DIR:-"/etc/hadoop"}
export HADOOP_OPTS="$HADOOP_OPTS -Djava.net.preferIPv4Stack=true"
```

4）修改 core-site.xml 文件，该文件是 Hadoop 核心配置文件，主要是用来配置 HDFS 服务的地址和端口号，该端口号是在 Web 页面访问时所需要的端口号，其具体配置内容如图 6-7 所示。

5）修改 hdfs-site.xml 文件，它是 Hadoop 守护进程的配置文件，也是用来获取 HDFS 数据资源的关键文件，在调用 Hadoop API 时对 HDFS 的操作需要此配置文件。可设置文件块的副本数量为 3，其修改如图 6-8 所示。

```
<configuration>
    <property>
        <name>hadoop.tmp.dir</name>
        <value>file:/usr/local/hadoop/tmp</value>
        <description>Abase for other temporary directories.</description>
    </property>
    <property>
        <name>fs.defaultFS</name>
        <value>hdfs://localhost:9000</value>
    </property>
</configuration>
```

图 6-7　core-site.xml 配置

```
<configuration>
    <property>
        <name>dfs.replication</name>
        <value>3</value>
    </property>
    <property>
        <name>dfs.namenode.name.dir</name>
        <value>file:/usr/local/hadoop/tmp/dfs/name</value>
    </property>
    <property>
        <name>dfs.datanode.data.dir</name>
        <value>file:/usr/local/hadoop/tmp/dfs/data</value>
    </property>
</configuration>
```

图 6-8　hdfs-site.xml 配置

6) 修改 mapred-site.xml 文件，主要用来跟踪 MapReduce 程序的进程执行情况，需要配置的是 Job Tracker 的地址和端口号，其修改如图 6-9 所示。

```
<configuration>
<property>
        <name>mapred.job.tracker</name>
        <value>hadoop:9001</value>
</property>
</configuration>
```

图 6-9　mapred-site.xml 配置

7) 配置主从文件。Hadoop 采用的是主从结构，主从结构是为了更好地管理集群资源和计算任务，因此需要配置 Master 节点和 Slave 节点。在主节点上修改 conf/masters 文件，在其中添加主节点主机名，修改 conf/slaves 文件，在其中添加从节点主机名。

通过以上步骤即可完成 Hadoop 在主节点上的配置，具体开发过程还需要其他配置。

7. 在从节点上部署 Hadoop

完成主节点上 Hadoop 的部署后，要在从节点上安装 Hadoop。其安装过程与主节点一样，此外还有一些其他配置问题。

1) 主从结构需要配置文件 Slaves，将其改为从节点的 hostname，分别为 Node2~Node4，Master 文件改为主节点文件。

2) 安装完成后需要对 HDFS 进行格式化，然后在从节点上执行命令：

   Hadoopnamenode -format ;start-all.sh

3) 验证 Hadoop 是否安装成功，可以通过 jps 命令来查看其运行进程，jps 命令执行结果如图 6-10 所示。

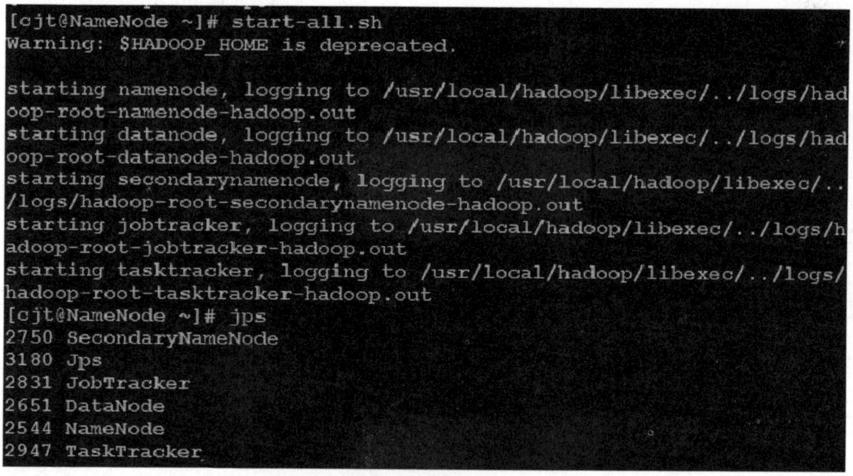

图 6-10 Hadoop 启动进程查看

由此可看出 Hadoop 所需要的进程都已启动，表明 Hadoop 安装成功。可通过 Web 直接查看 Hadoop 集群的配置情况，在浏览器中输入 http://192.168.1.10：9000 查看，如图 6-11 所示。

6.5.2 离线综合评估架构

仓储环境监控系统中，监测节点采集的数据由数据传输程序实时上传。

图 6-11 集群 Web 页面

在数据采集终端配置数据传输程序,该程序通过集群 Master 节点把数据传至集群的 HDFS 中用于数据分析处理,在 DataNode 节点上按备份数量进行备份存放。在数据处理终端配置数据分析模型,通过集群节点以及所存储的数据分析,得出分析结果,并显示在数据处理终端。离线综合评估架构如图 6-12 所示。

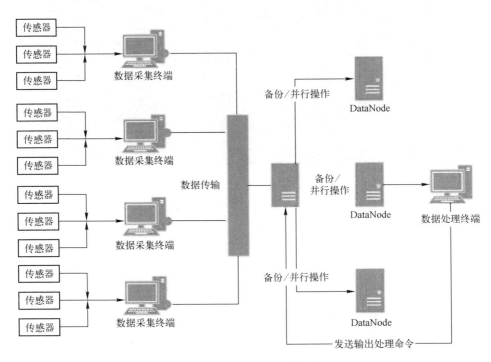

图 6-12 离线综合评估架构

6.6 健康评估模型

6.6.1 模糊理论

在仓储环境监控系统中，经常会存在一些没有精确规定界限的模糊问题，比如安全、较安全与危险之间的信息出现重叠或相互之间的界限不明显等，这些都会影响决策结果的准确性。此外，对于仓储环境健康情况的评估常常涉及多个因素或多个指标，不能只从某一因素的情况进行评价，这即是综合评判。根据应用环境的特点，选择在模糊综合评判技术的结构下，提出一种模糊信息融合模型，对多种类型的传感器数据进行融合处理，得到更全面的环境信息。

模糊理论是建立在模糊逻辑的基础上，主要概念包括了模糊集合及其隶属度函数、模糊算子和模糊关系，用来描述和处理人类思维与语言特有的模糊信息的理论。模糊综合评价的理论基础是模糊集合理论，该理论主要是用来表达事物的不确定性，由美国专家查德（Zadeh）教授提出。其基本思想是，通过模糊数学、模糊线性变换原理以及最大隶属度原则作为理论基础，对所评价对象的评价指标建立因素集，进行综合评价，在其评价过程中用到的方法可能不尽相同，要看所评价对象的各个指标情况，有选择静态权重的方法，也有选择动态权重的方法。选择哪种方法还得依据评价对象的各个指标的属性情况来选择。其次，模糊综合评价算法还利用隶属函数将不确定性非量化因素转化为确定性量化值，把关键因素量化之后利用传统的数学方法对其进行分析及处理，最后利用多个因素对评价对象隶属等级状况进行综合评价。

6.6.2 仓储环境健康评估模型

模糊综合评价方法能全面地展示出评价对象在不同等级划分的内在联系。

随着模糊理论的广泛应用，其在环境评估、气象预报、经济管理等领域已有应用，并取得了较好的成果。

1. 模糊综合评价模型

从模糊综合评价的基本思想可以概括出，其评价过程一般包括以下几个步骤：

1）确定研究对象的因素集 U，即指标集。

$$U=\{u_1,u_2,\cdots,u_n\} \tag{6-1}$$

评价对象的评价指标构成了因素集，即用哪些因素可以评价这个对象，这些指标是能代表其关键特征的因素。

2）确定研究对象的评价集 V。

$$V=\{v_1,v_2,\cdots,v_m\} \tag{6-2}$$

确定评价集是模糊综合评价方法中的关键一步，正是因为有评价集才使得模糊综合评价算法与传统的评价方法有本质的区别。评价对象的最终评价结果是通过此模糊向量来表示的，即评价等级隶属程度。

3）确定评价指标的权重向量 W。

$$W=\{w_1,w_2,\cdots,w_n\} \tag{6-3}$$

权重向量中 w_i 值的大小与评价因素集中的指标有关，把各个指标进行量化，具体取值结果通过其相对重要度来确定，最后把这些数值进行归一化处理，满足归一化条件 $\sum_{i=1}^{n}a_i=1$，即权重向量内的各指标值的和为1。权重向量既可以根据专家打分的方式确定，也可以应用具体算法求得。要选择哪种方式，主要看评价对象的适用性，比如通过 AHP 层次分析法来确定其权重向量，还可以通过专家评分的原则来确定其大小。

4）确定因素集隶属关系的评价矩阵 R。

$$R=\begin{pmatrix} r_{11} & r_{12} & \cdots & r_{1n} \\ r_{21} & r_{22} & \cdots & r_{2n} \\ \vdots & \vdots & & \vdots \\ r_{m1} & r_{m2} & \cdots & r_{mn} \end{pmatrix} \tag{6-4}$$

因素集隶属关系是指每一个指标对应评价集中不同等级的隶属程度。在式（6-4）中，r_{ij} 表示因素集 U 中的指标 u_i 对应评语集 V 中 v_i 的隶属程度。因此 r_i 是第 i 个指标 u_i 对评价集不同等级的单因素评价向量。确定合成算子，将权重向量 A 与评价矩阵 R 进行模糊合成，最终得到评价向量 B。

$$B = W \circ R = (w_1, w_2, \cdots, w_m) \begin{pmatrix} r_{11} & r_{12} & \cdots & r_{1n} \\ r_{21} & r_{22} & \cdots & r_{2n} \\ \vdots & \vdots & & \vdots \\ r_{m1} & r_{m2} & \cdots & r_{mn} \end{pmatrix} = (b_1, b_2, \cdots, b_n) \quad (6-5)$$

式（6-5）得出的 B 向量即为评价对象与评价集的模糊关系。对于。运算有以下四种常用的模糊合成算子，见表6-3。

表6-3　四种常用的模糊算子

模糊算子	计算公式	模糊综合判断程度	类型
$M(\wedge, \vee)$	$P_j = \max\{(w_i \wedge r_{ij})\}$	弱	主因数决定型
$M(\cdot, \vee)$	$P_j = \max\{(w_i \cdot r_{ij})\}$	弱	主因数突出型
$M(\cdot, ?)$	$P_j = \sum_{i=1}^{n}(w_i \cdot r_{ij})$	强	加权平均型
$M(\wedge, ?)$	$P_j = \min\{1, \sum_{i=1}^{n}(w_i \wedge r_{ij})\}$	强	加权平均求小型

5）对评价向量做分析并得出结论。

由最终评价向量 B 取其中最大值所对应的评价等级作为评价对象的评价结果，这种方法也叫最大隶属度原则。为了得到一个能反映评价对象的单值评价结果，可以对 B 进行处理，即对评价集中的每一等级划定一个分值，组成分值向量 C，再做合成，即

$$B' = BC^{\mathrm{T}} \quad (6-6)$$

得到 B' 为一个数值量，可以对各评价单元进行等级排序。

2. 模糊综合权重确定方法

指标权重确定方法主要分为主观赋值法和客观赋值法两大类。主观赋值

法主要依赖主观判断,如逐对比较法、专家评分法、德尔菲法、层次分析法等;客观赋值法,主要注重数据精度分析,如主成分分析法、标准离差法、熵权法、模糊综合评价法、复相关数法等。根据需要,可选择层次分析法确定评价指标的权重。

层次分析法(AHP)是一种定性和定量分析相结合的系统分析法,主要应用于复杂系统的权重确定。针对仓储环境,需要从多个评价因素上考虑,因此使用 AHP 法确定评价指标的权重。其原理基本包括以下几个过程:

1) 建立评价指标因素集 $X=\{x_1,x_2,\cdots,x_n\}$,x_i 表示评价指标。

2) 相对重要度确定。对各个层次的要素进行量化,从而建立判断矩阵。相对重要度的确定经常用到三标度法、九标度法和指数标度法。其中九标度法应用比较广泛。1~9 标度法就是用 1~9 这 9 个数(及其倒数)作为评价元素的相对重要度,通过对比各因素的相对重要度最终形成判断矩阵。

3) 根据判断矩阵求权重。根据确定的元素重要性标度来构造判断矩阵 $C=(c_{ij})_{n\times n}$。

$$C = \begin{pmatrix} c_{11} & \cdots & c_{1n} \\ \vdots & & \vdots \\ c_{n1} & \cdots & c_{nn} \end{pmatrix} \tag{6-7}$$

其中,c_{ij} 表示指标 x_i 比 x_j 的重要性,则有 $c_{ij}=\dfrac{1}{c_{ji}}$,$c_{ii}=1$。然后求解判断矩阵的特征根 λ,有

$$\begin{vmatrix} 1-\lambda & c_{12} & \cdots & c_{1n} \\ c_{21} & 1-\lambda & \cdots & c_{2n} \\ \vdots & \vdots & & \vdots \\ c_{n1} & c_{n2} & \cdots & 1-\lambda \end{vmatrix} = 0 \tag{6-8}$$

计算与特征根 $\lambda_{\max}$ 对应的特征向量 $\boldsymbol{\xi}=(\xi_1,\xi_1,\cdots,\xi_n)^T$,对 $\boldsymbol{\xi}$ 进行归一化处理,最终得到权重向量 $\boldsymbol{W}=(w_1,w_1,\cdots,w_n)^T$。

4) 一致性检验。一致性检验可以很好地保证结果可信度和准确性。一致性指标 CI 的公式为

$$CI = \frac{\lambda_{max} - n}{n - 1} \tag{6-9}$$

一致性指标还需要满足一致性比率小于 0.1 这个条件，即

$$CR = \frac{CI}{RI} < 0.1 \tag{6-10}$$

其中，CR、CI、RI 分别表示判断矩阵的随机一致性比率、一致性指标和平均随机一致性指标。如果 CR≥0.1，则必须对判断矩阵进行调整，然后再进行一致性检验，直到其满足这个条件。其中 RI 与阶数 n 存在如表 6-4 的关系。

表 6-4　一致性判断 RI 与 n 的关系

n	1	2	3	4	5	6	7
RI	0	0	0.52	0.89	1.12	1.26	1.36
n	8	9	10	11	12	13	14
RI	1.41	1.46	1.49	1.52	1.54	1.56	1.59

3. 动态权重确定方法

在传统的模糊综合评价模型中，确定权重后就保持不变。但是实际调研发现，在权重不变的条件下，当某项评价指标超过预警值时，有可能会因为初始给定的这一指标权重不符合实际情况，比如权重较小，造成其异常无法发现，淹没了异常信息。这样显然是不符合实际需要的。因此，这里在进行仓储环境健康评估时，要合理考虑异常信息的情况，防止异常信息权重过小而带来的评价不准确的问题，适当地对评价指标权重进行调整可以让这些异常信息在综合评价过程中起到作用，从而在评价结果中显现出来。

（1）异常指标权重的动态调整

首先确定所监测的环境参数有预警值以及最大值，当超过预警值和最大值时，评价结果应该发出预警、报警提醒，待仓储工作人员确认之后处理。因此，当某一评价指标的监测值超过预警值时应当对其权重进行调整，这样才能准确评估仓储环境健康状态，即健康评估模型更合理。

当出现 n 个监测异常指标时，对其权重进行调整，A 表示其异常指标序号集合，B 表示监测值在正常范围内的指标集合，设为 m 个。对超过预警值或者最大值的异常指标权重进行如下调整：

$$w_i = w_{i0} + \left(1 - \sum_{k \in A} w_{k0}\right) w_{i0}, \quad i \in A \tag{6-11}$$

当在评价指标体系内调整一个指标的权重时,必须同时调整其余监测值在正常范围内的指标权重值,在调整其余指标权重时必须满足评价指标体系权重的整体平衡。对其他指标进行如下调整:

$$w_j = w_{j0} - \left(1 - \sum_{k \in B} w_{k0}\right) w_{j0}, \quad j \in B \tag{6-12}$$

这些指标满足整体平衡性,确保所有指标权重和为1,即

$$\sum_{i \in A} w_i + \sum_{j \in B} w_j = 1 \tag{6-13}$$

(2)超出最值指标权重的动态调整

当监测指标参数超出最大值时,容易出现危险状态,可能导致无法逆转的事故,因此设置最大值是为了防止仓储环境处于危险状态而设定的报警值。出现这种状况时也需要对其权重进行调整,为了凸显这种危险状态必须调大该指标的权重值。在监测指标中有 k 个指标的监测值超出了最大值,记其下标集合为 C。此时权重值需要按下式进行修正:

$$w_i = e^{w_{i0}\left(\frac{x-\alpha}{\beta-\alpha}\right)}, \quad i \in C \tag{6-14}$$

式中,α、β 分别为修正因子;x 评价指标的监测值;α 为危险状态的最大值。通过式(6-14)修正后异常指标权重改变了,但正常指标的权重未做修改,这种修改方法之后的所有指标的权重和大于1,打破了权重的整体平衡性。这样并不是错误的结果,而正好满足实际情况,当指标出现危险状态时更能凸显目前的仓储环境不适宜货物存储,必须采取相应措施进行调整,这样才能对仓储环境健康状态进行准确评估。

4. 分析合成运算结果

基于模糊理论的数据融合合成运算结果是仓储环境监控系统所测环境参数对各个环境状态等级的隶属度,它是一个模糊向量,而不是单一数值。计算得出的融合值通过确定的评判规则进行评判,能准确判断出目前仓储环境的健康状态级别。常用的判定规则有最大隶属度规则和加权平均规则。最大隶属度原则常用来对总体的状态级别做评价,加权平均规则常用来得出基于不同状态级别的相对大小排序。在实际的应用中,通常根据所要评价的对象

及目的，选取适合的判定规则。因要得出整个仓储环境的安全状态，所以选择最大隶属度原则。

设模糊评价子集 $\boldsymbol{B}(b_j) = U(u_j)$，$b_j(j=1,2,\cdots,m)$，若满足 $b_i = \max\limits_{1\leqslant j\leqslant m}\{b_j\}$，则被评价事务总体来讲属于 b_i 所在状态级别。

当模糊综合评判向量 $\boldsymbol{B}(b_j)$，$b_j(j=1,2,\cdots,m)$ 中的最大分量与第二大分量相差不大时，依据最大隶属度原则得出评价结论便显得比较勉强。为此，专家学者提出了最大隶属度原则有效性的评价方法。有效性指标定义如下：

$$a = \frac{k\beta - 1}{2\gamma(k-1)} \tag{6-15}$$

式中，k 为归一化后的模糊综合评判向量 $\boldsymbol{B}$ 的元素个数；β 为 $\boldsymbol{B}$ 中的最大隶属度；γ 为 $\boldsymbol{B}$ 中的第二大隶属度。

如果 $a=+\infty$，则最大隶属度原则完全有效；如果 $1\leqslant a<+\infty$，则最大隶属度原则非常有效；如果 $0.5\leqslant a<1$，则最大隶属度原则比较有效；如果 $0<a<0.5$，则最大隶属度原则低效；如果 $a=0$，则最大隶属度原则完全失效。

6.7 总结

仓储是现代物流中重要的环节，保障仓储安全是保证仓储正常高效工作的前提，也是保障企业效益的关键。仓储安全涉及仓储管理的各个方面，其中仓储环境影响存储物品的特性和质量，也影响仓储管理人员的健康和安全。构建完整的仓储环境监控系统能够实时地开展仓储环境现场监控，评估仓储环境健康状态，及时发现仓储运营过程中的问题，有效地避免不必要的损失。

目前，针对仓储环境健康评估的研究尚少，可借鉴故障诊断即健康评估在其他领域的应用，构建仓储环境健康评估模型。根据仓储环境监控的特点，构建基于模糊的信息融合模型，采用模糊综合评判的方法对仓储环境的健康状态进行评估，并针对实际情况，动态调整，可得到更准确的评估结果。此方法对于仓储环境的健康评估提供一定的参考，具有理论和实践价值。

第 7 章 仓储环境监控装置开发

本章给出三个仓储环境监控装置的设计与开发案例,涉及的装置是拥有自主知识产权的产品。第一种是多参数多用途智能监控装置,第二种是设备健康状态显示贴片,第三种是具有无线通信功能的环境智能监控装置。这三种装置具有仓储环境监控普遍的适用性,可以满足大部分仓储环境与设备监控的需求。在设计开发方案中,使用了集成一体化传感器、电化学传感器和成熟的联网和通信技术。装置既可以单台独立使用,也可以多台联网构成物联网系统。

7.1 仓储环境多参数监控装置

7.1.1 装置概述

该装置用于仓储环境监测,由主控板、外拓显示板和传感器集成板组成。其中,主控板由电源控制模块、ARM、数码管和 LED 显示模块、以太网控制模块和继电器控制模块构成;外拓显示板主要由八位 0.8 in 红色共阴数码管、8 个高亮 LED 及 TM1640 驱动芯片构成;传感器集成板集成了 SHT11 温湿度传感器、MS5803 压力传感器、TSL2550 光照传感器,以及 CITY 公司的有毒有害气体传感器(氧气、一氧化氮、乙烯等 14 种传感器可更换选用其中一种)。该装置特别适用于对大型工业级仓储系统的温湿度、大气压力、光照度和某种有毒有害气体等参数进行监测,根据实时监测数据对仓储环境的健康状况进行评估,从而便于仓储环境的管理和货物的储存。

7.1.2 硬件组成

该装置硬件由主控板、外拓显示板和传感器集成板三部分组成，如图 7-1 所示。

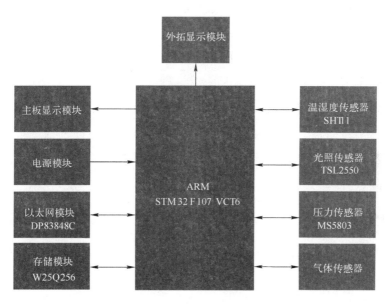

图 7-1　硬件组成结构图

左侧部分属于主控板组成部分，包括微处理器 ARM（STM32F107VCT6）、主板显示模块、电源模块、以太网模块（DP83848C）和存储模块（W25Q256）；中间上部属于外拓显示板组成部分，包括数码管、LED 指示灯和 TM1640 驱动芯片；右侧属于传感器集成板组成部分，包括温湿度传感器（SHT11）、光照传感器（TSL2550）、压力传感器（MS5803）和气体传感器。传感器集成板上的传感器将采集到的原始数据送到主控板处理器上进行数据处理，处理器将处理好的数据送到主控板显示模块或外拓显示板进行实时显示，也可以将数据通过以太网进行实时传输。当数据量过多，主控板处理器存储空间不足时，还可以存储到主控板存储器模块中。

1. 微控制器 ARM（CPU(STM32F107VCT6)）

微控制器采用 100 引脚的 STM32F107VCT6 为核心，芯片集成了各种高性能工业标准接口，且 STM32 不同型号产品在引脚和软件上具有完美的兼容性，可以轻松适应更多的应用。性能达到 72 MHz 运行频率。还集成了 1.25DMIPS/MHz 片上 64 KB RAM，256 KB Flash。

其丰富的外设资源有：

1）通信接口多达 14 个（包括 5 个 USART、3 个 SPI、2 个 I^2S、1 个 I^2C、2 个 CAN、1 个 USB OTG）。

2）10 个定时器（包括 2 个基本定时器、4 个 16 位定时器、1 个 16 位电机控制 PWM 定时器、2 个看门狗定时器、1 个 24 位下行计时器）。

3）2 个 12 位 D/A 转换器、2 个 12 位 A/D 转换器。

4）集成 IEEE 1588，以太网 MAC 10/100。

2. 传感器模块

（1）温湿度传感器

SHT1X（包括 SHT10、SHT11 和 SHT15）是一款输出已校准数字信号的温湿度传感器。它应用 CMOSens® 专利技术，将传感元件和信号处理电路集成在一块微型电路板上，确保产品具有极高的可靠性与卓越的长期稳定性。传感器包括一个电容性聚合体测湿敏感元件和一个能隙式测温元件，并与一个 14 位的 A/D 转换器以及串行接口电路无缝连接在同一芯片上。每个传感器芯片都在极为精确的湿度校验室中进行校准。校准系数以程序的形式存储在 OTP 内存中，用于内部信号校准。

（2）光照度传感器

光照度传感器 TSL2550 内含两枚光电探测器，一枚感应可见光和红外光，另一枚只感应红外光。两枚光电探测器产生两路信号，传感器模拟人眼的原理，根据两路信号的强弱判断周围光线的强度，可以直接将光强度转换成数字量。这种器件采用压缩扩展型的 A/D 转换器，12 位分辨率。采用了积分转换技术，在测量交流电灯的光线时不会发生抖动，提高了测量稳定性。

（3）压力传感器

MS5803 有着小体积的封装，内部集成了压力传感器、温度传感器，带有 24 位高分辨率的 A/D 转换器，压力分辨率达到了 0.012 mbar（10 cm），提供 16 位的压力和温度参数的数字输出，同时还提供 6 个可读参数来对压力和温度进行软件校正，实现高精度的测量，精度可达到±1.5 mbar。同时，该款产品采用不锈钢环进行封装，压力传感器部分采用硅胶保护，可实现 100 m 的水下正常工作。

（4）气体传感器

气体传感器采用英国 CITY 公司的气体传感器系列，具体使用型号有氧气传感器——4OXV 气体检测模块、一氧化氮传感器——4NT 气体检测模块、乙烯氧化物气体传感器——7ETO 气体检测模块。

气体传感器经过调理，如图 7-2 所示，连接微控制器 A/D 通道。

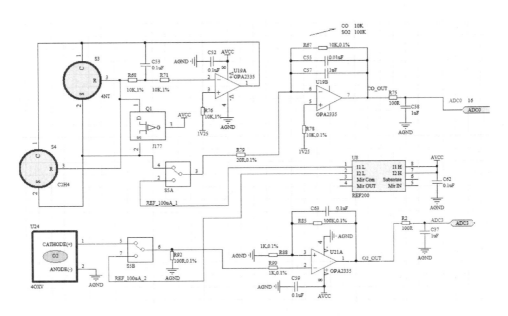

图 7-2　气体传感器调理电路

7.1.3 电路板的功能与布局

电路板由主控板、外拓显示板和传感器板组成。主控板功能与布局如图 7-3 所示，传感器板功能与布局如图 7-4 所示。

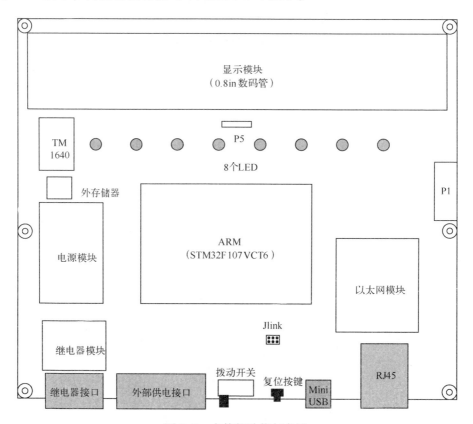

图 7-3 主控板功能与布局

1. 主控板

1）支持主控板显示功能并预留外拓显示板和传感器集成板接口。

2）板载以太网控制模块，支持以太网连接。

3）支持继电器、拨动开关切断电源。

4）支持四线接线端子供电。

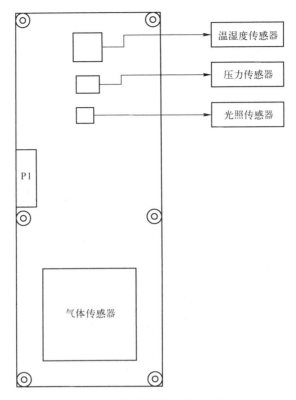

图 7-4 传感器板功能与布局

2. 外拓显示板

1）预留与主控板连接的接口。

2）支持数码管和 LED 显示功能。

3）采用 TM1640 驱动芯片节省处理器 I/O 接口。

4）具有较小尺寸，使用方便。

3. 传感器集成板

1）预留与主控板连接的接口。

2）板载温湿度传感器、压力传感器、光照传感器和气体检测传感器。

3）采用多种运算放大器放大传感器采集信号。

4）具有较小尺寸，使用方便。

7.2 设备健康状况显示贴片

7.2.1 装置概述

该装置主要用于仓储环境以及设备的监测,具有功耗低、体积小等特点,采用 USB 或+5 V 端子供电。其核心板采用双面布线,主要由 STM32 微处理器模块、温湿度传感器模块、振动模块、姿态传感器模块和 OLED 显示模块等组成。核心板采用微功耗设计,CPU 选用 STM32F411RCT6,工作频率为 100 MHz,在运行和停机模式下具有出色的低功耗性能。该产品主要适用于物理空间变化大和物理形态复杂的工业设备的振动检测,对储存货物的大型工业级仓储设备进行温度、湿度以及振动等环境参数进行监测。然后根据获得的实时数据对仓储设备做出健康评估或者对储存货物的质量做出分析,方便仓储管理和货物的储藏。

7.2.2 硬件组成

该装置硬件由微控制器 ARM、传感器模块(温湿度传感器、振动传感器、姿态传感器)、显示模块、电源模块及其他电路模块组成。

图 7-5 为该装置硬件组成原理图,由微控制器 ARM(STM32F411RCT6)、温湿度传感器(SHT31)、振动传感器(ADXL345)、姿态传感器(JY-901)、显示模块和数据传输模块组成。显示模块包括 LED 指示灯柱和 OLED 显示屏;Type-C 接口既可以作为其他智能设备的通信接口,又可以作为电源接口;采集到的数据可以通过 RS485 电路实现数据远程传输。

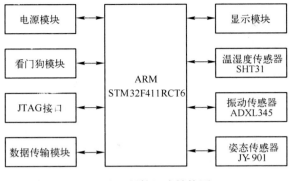

图 7-5 硬件组成结构图

1. 微控制器 ARM（CPU(STM32F411RCT6)）

设备健康状况显示贴片的微处理器采用的是 STM32F411RCT6 芯片，STM32F11RCT6 微控制器属于 STM32 Dynamic Efficiency™ 系列。这些 MCU 为高性能 F4 系列的入门产品，提供了动态功耗（运行模式）和处理性能之间的最佳平衡，同时在 10 mm×10 mm 的小封装内集成了大量的增值特性。STM32F411MCU 集成 Cortex®-M4 内核（具有浮点单元），工作频率为 100 MHz，同时还能在运行和停机模式下实现出色的低功耗性能。

性能：在 100 MHz 频率下，从 Flash 存储器执行时，STM32F411 单片机能够提供 125DMIPS/339CoreMark 性能，并且利用意法半导体的 ART 加速器实现了 Flash 零等待状态。DSP 指令和浮点运算单元扩大了产品的应用范围。

功效：该系列产品采用意法半导体 90 nm 工艺和 ART 加速器，具有动态功耗调整功能，能够在从 Flash 存储器执行时实现低至 100 μA/MHz 的电流消耗。停机模式下，功耗低至 10 μA。

集成度：STM32F411 单片机具有高达 256~512 KB 的 Flash 存储器和高达 128 KB 的 SRAM。提供 49~100 引脚多种封装。片内集成 3 路 USART，速度高达 12.5 Mbit/s；5 路 SPI（I^2S 复用），速度高达 50 Mbit/s；3 路 I^2C，速度高达 1 Mbit/s，且所有封装均提供；1 个 USB2.0 OTG（全速），2 路全双工 I^2S，速度高达 32 位/192 kHz，3 路单工 I^2S，速度高达 32 位/192 kHz，速度高达 2.4MSPS 的 12 位 ADC，11 个频率高达 100 MHz 的 16 和 32 位定时器。

2. 传感器模块

（1）温湿度传感器 SHT31

SHT31 是盛世瑞恩新一代温湿度传感器,在设备健康状况显示贴片中用于采集监测仪表所处环境中的温度及湿度信息。它的核心是 CMOSens®传感器芯片。SHT31 具有更高的智能性、可靠性和精度。在功能上增强了信号处理,用户可选择两种独特的 I²C 地址和 1 MHz 的通信速度。DFN 封装的尺寸为 2.5 mm×2.5 mm,同时保持 0.9 mm 的高度。此外,2.4~5.5 V 的宽电源电压范围确保了与各种组装情况的兼容性。

（2）三轴加速度传感器 ADXL345

ADXL345 是一款小而薄的超低功耗 3 轴加速度计,分辨率高（13 位）,测量范围达±16 g。数字输出数据为 16 位二进制补码格式,可通过 SPI（3 线或 4 线）或 I²C 数字接口访问。ADXL345 非常适合移动设备应用。它可以在倾斜检测应用中测量静态重力加速度,还可以测量运动或冲击导致的动态加速度。其高分辨率（3.9 mg/LSB）,能够测量不到 1.0°的倾斜角度变化。该器件提供多种特殊检测功能。活动和非活动检测功能通过比较任意轴上的加速度与用户设置的阈值来检测有无运动发生。振动检测功能可以检测任意方向的单振和双振动作。自由落体检测功能可以检测器件是否正在掉落。这些功能可以独立映射到两个中断输出引脚中的一个。正在申请专利的集成式存储器管理系统采用一个 32 级先进先出（FIFO）缓冲器,可用于存储数据,从而将主机处理器负荷降至最低,并降低整体系统功耗。低功耗模式支持基于运动的智能电源管理,从而以极低的功耗进行阈值感测和运动加速度测量。ADXL345 采用 3 mm×5 mm×1 mm,14 引脚小型超薄塑料封装。

（3）姿态传感器 JY-901

JY-901 模块集成高精度的陀螺仪、加速度计、地磁场传感器,采用先进的数字滤波技术,能有效降低测量噪声,提高测量精度。模块内部集成了姿态解算器,配合动态卡尔曼滤波算法,能够在动态环境下准确输出模块的当前姿态,姿态测量精度静态为 0.05°,动态为 0.1°,稳定性极高。模块内部自带电压稳定电路,工作电压为 3.3~5 V,引脚电平兼容 3.3 V/5 V 的嵌入式系统,连接方便。支持串口和 I²C 两种数字接口。方便用户选择最佳的连接方式。串口速率 2400~921600 bit/s 可调,I²C 接口支持全速 400 kHz 速率。最高 200 Hz 数据输出速率。输入内容可以任意选择,输出速率 0.1~200 Hz 可调节。保留 4 路扩展端口,可以分别配置为模拟输入、数字输入、数字输出、PWM 输出等功能。具备 GPS 连接能力。可接收符合 NMEA-0183 标准的串口 GPS 数据,形成 GPS-IMU 组合导航单元。采用邮票孔镀金工艺,可嵌入用户的 PCB 板中。注意:要加底板或者嵌入其他 PCB 板子上,MPU9250 芯片下方不能布线,以免干扰到磁力计。4 层 PCB 板工艺,更薄、更小、更可靠。

3. 显示模块

显示模块由 OLED 显示模块和 LED 发光灯柱组成。

(1) OLED 显示模块

OLED,即有机发光二极管(Organic Light Emitting Diode)。OLED 由于同时具备自发光、不需背光源、对比度高、厚度薄、视角广、反应速度快、可用于挠曲性面板、使用温度范围广、构造及制程较简单等优点,在设备健康状况显示贴片中,可以根据微处理器的命令,显示温湿度传感器、振动传感器、姿态传感器采集到的数据,或显示微处理器计算获得的其他信息。这里选用 0.96 in 双色 OLED 显示模块,通过 I²C 与微处理器相连。

(2) LED 发光灯柱

LED 发光灯柱由两排 LED 灯组成,每排灯柱包含七个三色贴片 LED 灯,用于显示设备健康状况的等级。

4. 数据传输模块

数据远程传输采用 RS485 通信方式,该装置具有了符合工业标准的 RS485 通信接口,可以与其他智能设备进行数据传输。

7.2.3 电路板的功能与布局

PCB 电路板布局如图 7-6 和图 7-7 所示。

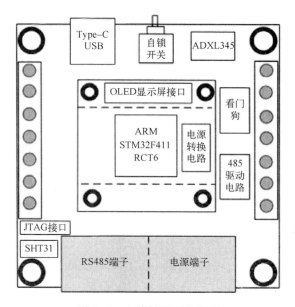

图 7-6 电路板正面布置图

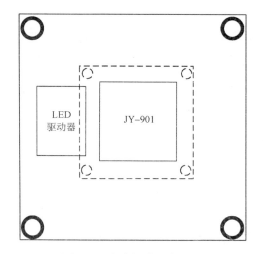

图 7-7 电路板背面布置图

7.3 智能环境监控装置

7.3.1 装置概述

智能环境监控装置用于密闭或半密闭物理空间的环境气体监测，适用于工厂车间、仓储系统、矿井、客运车辆的空间气体质量监测。装置具有参数检测、存储、计算、显示和有线无线通信联网功能。由主控模块（选用 IoT-M4E 增强型核心模块，参看第 4 章）、气体传感器模块、无线通信模块、以太网控制模块、继电器控制模块和电源控制模块等构成。气体传感器模块是独立设置的一块 PCB 板，上面设置两个 CITY 公司的有毒有害气体传感器插座（可以根据被测气体任意选择 14 种传感器中的两种）。该装置特别适用于针对大型工业级仓储系统的温湿度、大气压力和混杂有毒有害气体参数进行监测，例如对监测气体中既有一氧化碳，又有二氧化硫成分的混杂气体，可以通过编制相关软件，补偿电化学传感器交叉敏感的缺陷，提高检测精度。

7.3.2 硬件组成

智能环境监控装置硬件由主控模块、无线通信模块、以太网控制模块、继电器控制模块、电源控制模块和气体传感器模块等构成，如图 7-8 所示。

1. 主控模块

主控模块选用 IoT-M4E 增强型核心模块，参看第 4 章。IoT-M4E 增强型核心模块是面向工业环境监控设计的、功能可扩展的物联网应用核心模块。该模块采用 STM32F407V 微处理器作为控制中心，扩展连接温湿度传感器、大气压力传感器和三轴加速度传感器，可以对工业环境中的温度、湿度、大气压力以及振动等环境参数进行检测；通过扩展 Flash 存储器、OLED 显示屏以及 STM32F407V 引脚引出插针，使其成为一个既可以独立使用，又可以作为复杂物联网设备开发的智能核心模块。

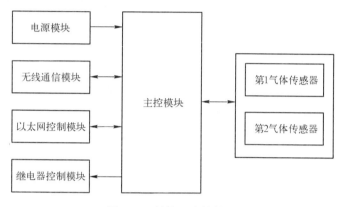

图 7-8　硬件组成结构图

智能环境监控装置中使用 IoT-M4E 增强型核心模块的方式是，将其作为一个整体通过自带的插针安装在智能环境监控装置专设的底板上。IoT-M4E 增强型核心模块由底板供电，并通过底板与其他功能模块相连，如图 7-9 所示。

2. 无线通信模块

无线通信模块具有 Wi-Fi 和蓝牙两种模式通信联网功能，设计成独立的功能模块，通过自带的插针安装在智能环境监控装置专设的底板上，并通过底板与 IoT-M4E 增强型核心模块相连。

3. 底板

智能环境监控装置专设的底板布局有以太网控制模块、继电器控制模块、电源控制模块以及与外部联系的接线端子、开关、RJ45 接口、USB 接口等，另外还设有连接主控模块、无线通信模块和气体传感器模块的插座。底板上设置的 4 个 LED 指示灯由 IoT-M4E 增强型核心模块控制，用来表示整个装置的工作状态和被监测气体参数的报警信息。

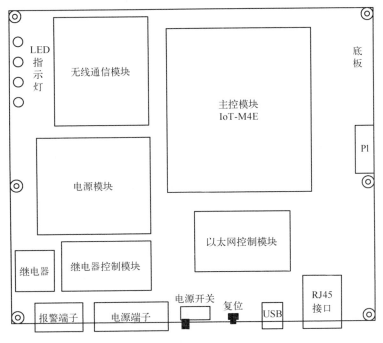

图 7-9 底板功能与布局图

4. 气体传感器模块

气体传感器模块是一块独立的 PCB 板,与底板通过 P1 插座相连,气体传感器模块电路使用的工作电源取自底板。传感器板上设置两个电化学气体传感器插座,如图 7-10 所示。电化学传感器通过调理电路与 IoT-M4E 增强型核心模块的 A/D 引脚相连。

7.3.3 电路板的功能与布局

智能环境监控装置的电气部分由底板和若干功能模块组成,如图 7-9 和图 7-10 所示。将传感器板和底板分开设置,有利于在监控装置中设置专门的有毒有害气体检测气体通道,方便气体传感器日常维护和定期更换。

如图 7-10 所示,传感器板上设置两个电化学气体传感器插座,可以同时安装两个 CITY 公司的有毒有害气体传感器(氧气、一氧化氮、乙烯等 14 种传感器可更换选用其中两种)。

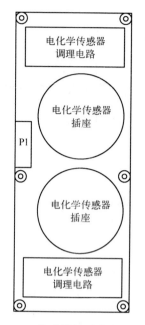

图 7-10 传感器板功能与布局图

7.4 总结

  仓储环境监控装置开发是近几年刚刚开始研究和实践的技术领域,探索适应不断增长和变化的仓储系统的环境监控装置与系统,需要引入新型的传感器和系统设计架构。使用集成一体化传感器、电化学传感器可以设计出体积小、精度高和功耗低的装置和仪表;使用工业上成熟的通信联网技术,可以设计出具有有线或无线通信联网功能的前端监测节点,使得信息的传输和共享更为方便。基于物联网技术开发的仓储环境监控装置,更容易实现边缘计算、就地信息显示、就地报警和环境状态智能评估。

参 考 文 献

[1] 袁建国. 浅析食品腐败变质的危害及应对措施 [J]. 科技传播, 2011 (14): 53, 57.

[2] CHOY K L, et al. A food monitoring system for preventing product deterioration [J]. International Journal of Food Safety, Nutrition and Public Health, 2014, 5 (1): 54-79.

[3] 朱晓东, 刘军. 仓储环境监测参数分析 [J]. 物流技术, 2009 (10): 25-27.

[4] 武钧. 特种货物储存管理 [M]. 北京: 中国物资出版社, 2009.

[5] 薛垂荫, 林化新, 孟霜鹤. 氧气传感器的应用 [J]. 化学传感器, 1992 (6): 63-65.

[6] 二氧化碳——百度百科 [EB/OL]. http://baike.baidu.com/view/17816.htm.

[7] 杨栋梁. 纺织品的紫外线屏蔽整理（一、二、三）[J]. 印染, 1995, 21 (5, 6): 35-38, 35-39.

[8] 黄曼. 粮食仓储粉尘危害与职业健康 [J]. 粮食加工, 2007 (32): 72-74.

[9] 简新立. "空气pH值"及测定方法 [J]. 环境监测管理技术, 1996 (2): 40-42.

[10] 刘子政, 王守顺, 吕太国. 一种新型果蔬仓储温度控制系统设计 [J]. 安徽农业科学, 2009, 30: 14887-14888, 14928.

[11] 韩慧. 基于RS-485总线的温室环境监测系统 [J]. 仪表技术与传感器, 2012, 03: 60-61.

[12] 白云州. 基于W5100的网络化温室大棚环境监测系统 [J]. 制造业自动化, 2011, 03: 20-21, 28.

[13] 张晓东, 李秀娟, 张杰. 基于ARM的粮食仓储环境监测系统 [J]. 微计算机信息, 2010, 08: 124-125, 116.

[14] WU J J, HUANG Z H, GUAN Y S. An intelligent environmental monitoring system based on autonomous mobile robot [C]. IEEE International Conference on Robotics and Biomimetics (ROBIO), Karon Beach, 2011: 138, 143.

[15] 戴欢. 无线传感器网络定位算法及其应用研究 [D]. 无锡: 江南大学, 2012.

[16] 凡志刚. 无线传感器网络覆盖与节点部署问题研究 [D]. 成都: 电子科技大学, 2008.

［17］艾海峰. 基于 ZigBee 的仓储环境监测无线节点设计与实现［D］. 成都：电子科技大学，2013.

［18］陈扬. 烟草仓库环境无线监测系统设计［D］. 武汉：武汉理工大学，2010.

［19］朱晴. 无线传感器网络在烟叶仓储监控中的研究与应用［D］. 长沙：中南大学，2013.

［20］周芬. 基于物联网架构的纺织品仓库温湿度监控系统设计［J］. 物流技术，2014，17：453-455.

［21］潘长顺，刘丽芳，李海宁，等. 茶叶仓储环境监控系统的设计［J］. 价值工程，2015，02：206-207.

［22］LAI B, JIA H Q. Design and implementation of square-cabin environmental parameters monitoring system based on the virtual instrument［C］. International Conference on Electronic and Mechanical Engineering and Information Technology（EMEIT），Harbin，2011，3：1304，1307.

［23］MENDEZ G R, MD YUNUS M A, MUKHOPADHYAY S C. A WiFi based smart wireless sensor network for monitoring an agricultural environment［J］. Wireless Sensor Networks and Ecological Monitoring，2013，3：247-268.

［24］刘军，阎芳，徐燕，等. 物流封闭微环境信息感知记录仪［P］. 北京：CN204514372U，2015-07-29.

［25］刘军，赵东杰，徐燕，等. 一种冷链物流测温棒［P］. 北京：CN205333113U，2016-06-22.

［26］刘军，阎芳，徐燕，等. 水果储存环境监测装置［P］. 北京：CN204439139U，2015-07-01.

［27］刘军，赵东杰，徐燕，等. 一种现场备件库储存环境监控装置［P］. 北京：CN205721232U，2016-11-23.

［28］刘军. 基于无线传感器网络的仓储监控管理系统关键技术研究［J］. 中国流通经济，2010（7）：17-19.

［29］袁朝辉，王高峰. 基于数据融合确保目标检测精度的传感器节点布置［J］. 计算机科学，2009，20（22）：51-54.

［30］张春霞，彭东华. 我国智慧物流发展对策［J］. 中国流通经济，2013（10）：35-39.

［31］肖维红. 现代物流智能仓储系统安全监控技术与仿真实现［D］. 武汉：武汉理工大学硕士论文，2013.

[32] ATZORI L, IERA A, MORABITO G. The Internet of things: A survey [J]. Computer Networks, 2010 (54): 2787-2805.

[33] 刘军. 基于无线传感器网络的仓储监控管理系统关键技术研究 [J]. 中国流通经济, 2010 (07): 43-78.

[34] 吴亚林, 王劲松. 物联网用传感器 [M]. 北京: 电子工业出版社, 2012.

[35] 沙占友. 集成化智能传感器原理与应用 [M]. 北京: 电子工业出版社, 2004.

[36] 迈克 J 麦格拉思, 克莱娜 N 斯克奈尔. 智能传感器: 医疗、健康和环境的关键应用 [M]. 胡宁, 王君, 王平, 译. 北京: 机械工业出版社, 2017.

[37] 苏巴斯·钱德拉·穆克帕德亚. 智能感知、无线传感器及测量 [M]. 梁伟, 译. 北京: 机械工业出版社, 2016.

[38] 黄莹. 智能传感器的应用及其发展 [J]. 工业技术, 2016 (7): 99-103.

[39] 井云鹏, 范基胤, 王亚男, 等. 智能传感器的应用与发展趋势展望 [J]. 黑龙江科技信息, 2013 (21): 111-112.

[40] 刘立红, 车文实, 孙晶, 等. 电化学传感器在环境检测中的应用研究 [J]. 科技创新与应用, 2017 (1): 43.

[41] 赵宗贵, 熊朝华, 王珂, 等. 信息融合: 概念、方法与应用 [M]. 北京: 国防工业出版社, 2012.

[42] 刘泽文. 集成传感器技术挑战与机遇 [J]. 高科技与产业化, 2016 (11): 58-61.

[43] 申悦, 刘军, 王程安. 仓储环境监测的研究和进展 [J]. 物流技术, 2015 (8): 265-268.

[44] 桑延平. 浅谈物资仓储安全管理控制措施分析 [J]. 管理世界, 2018: 239-240.

[45] 齐晗. 物流仓储作业安全风险及对策 [J]. 理论研究, 2017: 97-99.

[46] 刘稳. 计算机视觉在物流仓储安全管理中的应用研究 [D]. 淮南: 安徽理工大学, 2019.

[47] 李向前. 复杂装备故障预测与健康管理关键技术研究 [D]. 北京: 北京理工大学, 2014.

[48] 谭鸿愿. 地铁车辆设备单元健康状态评估与维修决策 [D]. 成都: 西南交通大学, 2016.

[49] 杨文轩. 基于大数据的城轨信号系统健康维护平台研究 [D]. 北京: 北京交通大学, 2016.

[50] 韩庆田, 苏涛, 张毅. 基于层次分析法的航材储存安全评价研究 [J]. 物流技术,

2012：149-251.

[51] 王华忠, 陈冬青. 工业控制系统及应用：SCADA 系统篇 [M]. 北京：电子工业出版社, 2017.

[52] 许长福. 日志数据分析系统的设计与实现 [D]. 北京：北京交通大学, 2017.

[53] 刘军. 信息物理融合系统在仓储监控管理中的应用研究 [J]. 中国流通经济, 2011, 07：104-106.

[54] ZHANG Q H, WANG Y, CHENG G Q. Research on warehouse environment monitoring system based on wireless sensor network [C]. IEEE 9th Conference on Industrial Electronics and Applications (ICIEA), Hangzhou, 2014：1639, 1644.

[55] ZHAO S J, LIU M Q, FAN Z. Warehousing environment monitoring systems based on CC2530 [C]. Control Conference (CCC), Nanjing, 2014：353, 358.

[56] 闫振利. 基于 Zigbee 无线传感器网络的仓储环境参数监测系统设计 [D]. 哈尔滨：哈尔滨工程大学, 2013.

[57] 陈尧. 城市轨道交通设备监控系统的研究与探索 [J]. 自动化技术与应用, 2015, 04：125-129.

[58] 刘婷, 杨化云. 基于物联网的仓储管控一体化架构设计 [J]. 中国商贸, 2013, 34：128-130.

[59] 杨玺. 基于 WSID 的仓储监控管理系统研究 [J]. 数字技术与应用, 2011, 06：2-3.

[60] 饶浩东, 柏亚林, 归育琦, 等. 密封物资仓储温湿度检测与监控系统 [J]. 四川兵工学报, 2014, 08：111-115.

[61] 唐皓. 实时数据库设计及实现和事务调度算法的研究 [D]. 哈尔滨：哈尔滨工业大学, 2013.

[62] 杨正益. 制造物联海量实时数据处理方法研究 [D]. 重庆：重庆大学, 2012.

[63] 罗剑明. 制造物联网的实时数据感知与处理模型的研究 [D]. 广州：广东工业大学, 2015.

[64] 朱相全. CPS 中数据处理相关技术的应用研究 [D]. 南京：南京邮电大学, 2014.

[65] 中国电子技术标准化研究院. 边缘云计算技术及标准化白皮书（2018）[R/OL], 2018.

[66] 关婷婷. 集群系统状态监控与健康评估技术研究与应用 [D]. 北京：北京交通大学, 2018.

[67] 宋晓秋. 模糊数学原理与方法 [M]. 北京：中国矿业大学出版社, 1999.

[68] 柳顺. 基于数据包络分析的模糊综合评价方法及其应用 [D]. 杭州：浙江大

学，2010.

[69] 宾光富，周元，Balbir S Dhillon. 基于 Fuzzy-AHP 的机械设备多特征参数健康状态综合评价研究[J]. 中国机械工程，2009，20：2487-2492.

[70] 邓炳杰. 面向不同寿命阶段的机电设备健康状态评价研究[D]. 重庆：重庆大学，2014.

[71] 陈希祥，邱静，刘冠军. 基于层次分析法与模糊综合评判的测试设备选择方法研究[J]. 兵工学报，2010，31（01）：68-73.

[72] 朱俊峰，窦菲菲，王健. 中国地方政府绩效评估研究：基于广义模糊综合评价模型的分析[M]. 上海：复旦大学出版社，2012.

[73] 彭炎亮，李汪根，刘娇，等. 基于动态权重和模糊综合评判法的健康评估模型[J]. 计算机系统应用，2017，26（01）：37-43.

[74] 陈建涛. 面向用户健康服务的大数据平台设计及其分析处理关键技术[D]. 南京：南京邮电大学，2016.

[75] 孟永伟，黄建强，曹腾飞，等. Hadoop 集群部署实验的设计与实现[J]. 实验技术与管理，2015，32（01）：145-149.

[76] 周斌. 基于 Hadoop 的海量工程数据关联规划挖掘方法研究[D]. 北京：北京交通大学，2016.

[77] 刘娟，任燕，高岩. 模糊数据融合在温室环境安全监测系统中的应用[J]. 河南理工大学学报，2010，27（3）：268-271.

[78] 戴红. 基于模糊理论的交通信息处理技术研究[D]. 长春：吉林大学，2007.

[79] 谢季坚，刘承平. 模糊数学方法及其应用[M]. 4版. 武汉：华中科技大学出版社，2015：144-163.

[80] 王静，董肖丽. 模糊评价中最大隶属度原则的改进[J]. 河北水利，2011，02：27-28.

[81] 成飞龙. 基于 Hadoop 的海量传感数据管理系统[D]. 南京：南京理工大学，2013.